アダム=スミス

アダム＝スミス

• 人と思想

浜林　正夫
鈴木　　亮　共著

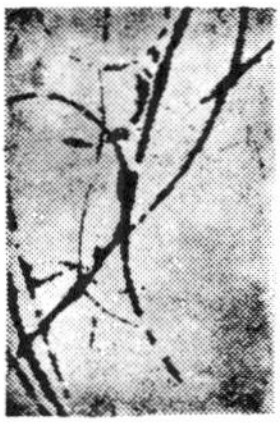

84

CenturyBooks　清水書院

はじめに

アダム゠スミスとその主著『国富論』の名は、中学校の教科書にもでてくるから、ほとんどの人が知っているといってよいだろう。しかし、『国富論』を最後まで読みとおした人は、大学の経済学部を卒業した人でも、そう多くはあるまい。告白すれば、わたくしも学生時代に『国富論』を読みとおすことができなかった。

大学に入ってまもなく、だれからとはなしに、スミス、リカード、マルクスと読んでいくのがよいと教えられたわたくしは、なかば英語の勉強をかねるつもりで、エヴリマンズ-ライブラリーの『国富論』を買ってきて、岩波文庫の訳書と対照させて読み始めたのだが、あまり面白さを感じることができず、結局、第二篇の生産的労働論のあたりまで、有名な部分をひろい読みしただけで終わってしまったのである。かわりに読みだしたマルクスの『資本論』のほうが、難解ではあったけれどもはるかに面白く、わたくしを夢中にさせた。少年時代の大部分を植民地、炭礦町、農村ですごし、中学のころからしばしば労働で学資を稼がなければならなかった学生にとっては、スミスの商業社会の世界よりは、マルクスの剰余価値論や資本蓄積論の世界の方が、感覚的に入っていきやすかったのかもしれない。それに、「すでに克服されてしまった経済学をいまさら」という気持ちもなくはなかった。

わたくしがスミスの面白さをすこしずつ理解できるようになったのは、大学院に進学して社会思想史の勉強をするようになり、当時日本のスミス研究の「三羽烏」といわれていた故内田義彦教授、小林昇教授、水田洋教授らのスミス研究書に親しむようになってからである。それらの研究書は、それぞれの仕方で、スミスが取り組んだ時代の問題がどういうものであったかを教えてくれたし、スミスの経済学が、そうした時代の問題との取り組みのなかから、人間の学の一環として生みだされたものであることを教えてくれた。つまり、経済学の専門家としてのスミスというよりは、近代の人間と社会をはじめてトータルにとらえた社会科学者としてのスミスが見え始めたのである。わたくしは、そうしたスミスにひかれてスミスの著作を読み始めた。『道徳感情の理論』(当時は米林訳で『道徳情操論』)と『グラスゴウ大学講義』を読み、じっくり『国富論』を読みとおした。そしてこれらの著作を読みすすめていくなかで、わたくしは、社会科学の古典にかんしては、「すでに克服されてしまった学説」などということがかんたんにはいえないということを、痛感した。今日でも有意義な観察や有効な考えが、それらの著作のいたるところにみられたからである。

岩波文庫の『諸国民の富』(『国富論』)の訳者の一人、故大内兵衛教授は、「やがて死ぬべき定めであろうが、なかなか死なぬのがスミスである」と書いた。科学は、先人たちの研究をのりこえて発展するものである。市民社会の解剖学とか社会体制認識の科学とかといわれる経済学も、その例外ではない。スミスの死後、経済学は、方向はさまざまであるけれども、理論的には精緻《せいち》なものへと発展したといってよいだろう。商品論、価値論、貨幣論、価格論、資本と賃労働、資本蓄積論、再生産論、利潤論、地代論など、経済学の主要な理論は、すでにスミスをのりこえているのである。にもかかわらず、スミスがいまなお生命を保っているのはなぜだろうか。さきの大内教授は、その理由を、世界の大半がいまもなお資本主義であり、それら資本主義諸国が自分たちの不自由をかくすべく自らの国を自由主義諸国と名のり、スミスにあやかっていることに求めているかのようである。しかしわたくしは、スミスがいまなお生命を保っているのは、そうしたマイナスの意味ばかりではないように思うのである。

わたくしは、スミスがいまなお生命を保っていることの理由は、つぎの点にあると考えている。その第一は、スミスの学問が、人間と社会にかんする豊かでこまやかな観察に基礎をおいており、人間的真実を多くふくんでいるということである。しばしば『道徳感情の理論』は人生の書であるとされるが、『国富論』もまたそうした書であるといっていいように思われるのである。そして第二は、スミスの学問の中核に、人間が自律的な個人として成長する条件を歴史的に探り、そうした自律的な個人の織り成す自由な社会の存立条件をあきらかにするという、抑圧からの人間の解放の課題がすえられていたことである。スミスは、人間解放の思想の流れに棹さして思索を進めたのであった。貧困からの解放は、人間解放の重要な側面なのであり、スミスが独占と特権をきびしく批判しつつ富裕への自然な道筋を示そうとしたのは、そうした課題に即する努力だったのである。抑圧からの人間の解放は、いわば人類の普遍的な課題でありつづけるであろう。スミスは、そうした人類の普遍的な課題をふまえつつ時代の問題と取り組んだがゆえに、時代の問題をその根底から全体としてとらえることができ、近代の人間と社会をトータルにとらえることができたのである。

人びとは、危機の時代にスミスをふり返るといわれる。〝危機の時代〟には、人びとは自分の小さな世界や専門領域に閉じこもり、時代の問題を全体的に考察する思考力が衰弱する。そうして、進むべき方向を見失った人びとは、しばしば無批判に時の権力に奉仕したり、目先の利益を追うことに満足しがちなのである。一九七六年は、『国富論』刊行二〇〇年記念の年にあたり、世界各地で記念行事が行われたが、その頃からスミスにかんする研究論文や著書が世界中で急激に増加するようになった。このことは、七〇年代の初め頃からさかんにいわれるようになった〝経済学の危機〟と無関係ではないだろう。学問研究の細分化がすすむなかで、経済学は、いつのまにか効率的な富の生産（経済成長）に自己の課題を限定し、富の生産の目的や富の中身を問うことをしてこなかったために、七〇年代に入って深刻の度合いを増すようになった環境破壊の問題、南北問題（開発途上国と先進国とのあいだの貧富の差の拡大など）、先進国病問題（経済の停滞と失業の増大）などの諸問題に有効な発言ができなくなっていることに気づいたのである。つまり、経済学の本性とその存在理由が問われだしたのであり、欧米で長いあいだ忘れられていたスミス研究が復活したのは、経済学生誕の原点に立ち戻ってその本性と存在理由を考えなおそうとする動きと考えてよいであろう。〝経済学の危機〟は、おもに近代経済学のなかでいわれてきたことだが、研究の細分化にともない全体的視点を失いがちなのは、マルクス経済学者のばあいも例外ではないのである。

わたくしは、この小著で、スミスの、人間や社会を見る豊かな目、時代の問題を根底から全体としてとらえようとする目を大事にしつつ、スミスの人間と思想の全体像をできるだけ簡潔に描こうとした。スミス研究が精緻に進んだ今日の日本でこうした試みを行うことは、無謀のそしりをまぬがれないかもしれない。しかしわたくしは、分析的なスミス研究の重要性を認める点で人後におちる者ではないが、それにもまして、そのときどきの分析的なスミス研究をふまえてスミスの全体像を再構成しようとする努力が大事だと考える者である。そうすることが、スミスの学問の性格にふさわしいだけではなく、そうすることではじめてスミスを現代によりよく生かしうると考えるからである。本書でのわたくしの努力がどこまで実ったかは、読者の判断にまかせるしかないが、わたくし自身は、これでスミスの全体像が描ききれたとは思っていない。いまはただ今後のいっそうの努力を読者にお約束するだけである。本書が、読者のいく人かにスミスの人間と思想への関心を呼び起こし、スミスの著作をひもといてみようという気を起こさせたとしたら、それでわたくしのさしあたりの目的は達せられたのである。

目次

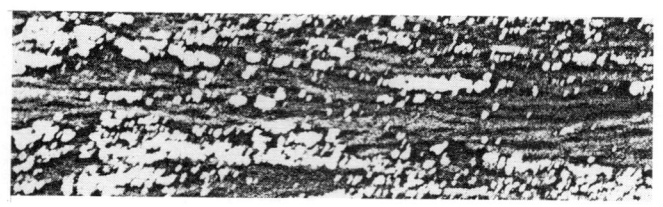

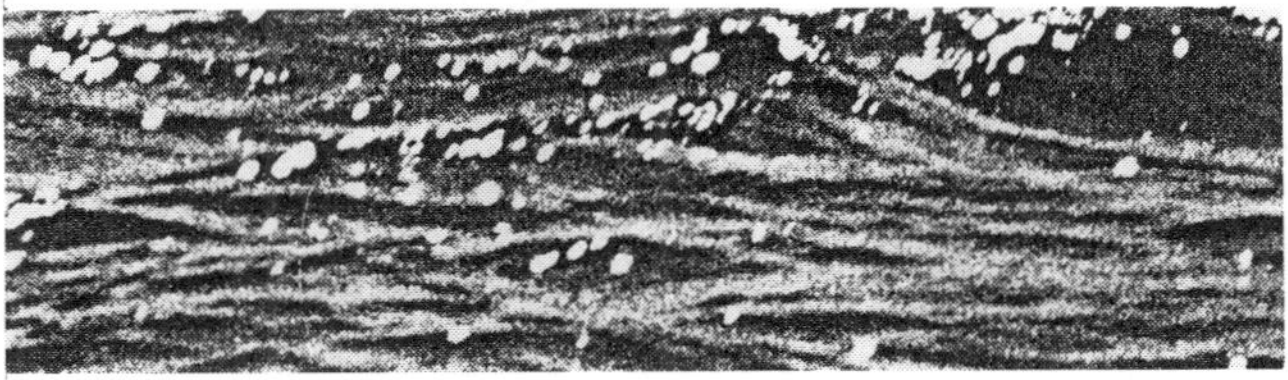

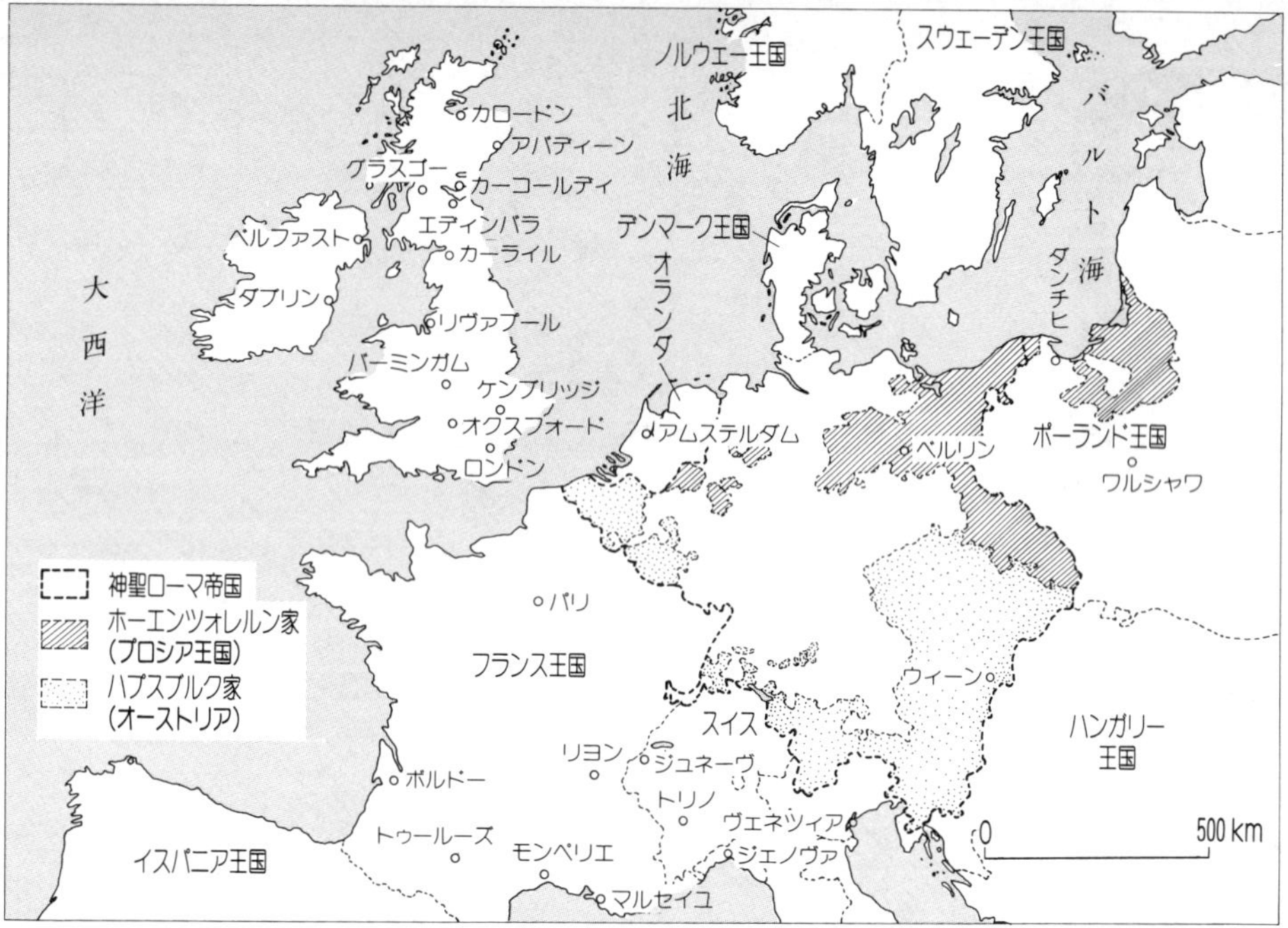

アダム＝スミス時代のヨーロッパ（18世紀中ごろ）

I　スミスの時代と生涯

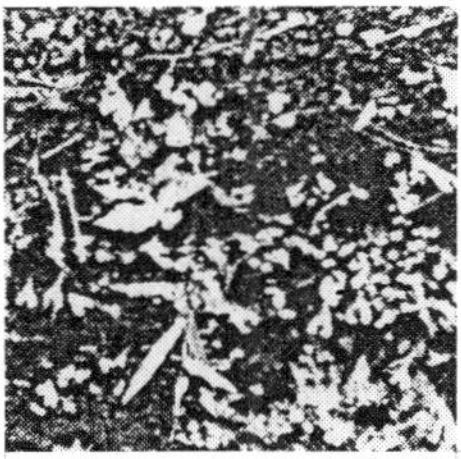

ロッホ・ローモンドの歌

小鳥が鳴き
草花が芽をふく
日の輝きのなかで湖水は眠る
だが、望みなき身に
春はふたたび帰ってはこない
悲しみが春の訪れを
止めてしまうのだから

おお、君は高い道を
ぼくは低い道を行く
ぼくは君よりもはやく
スコットランドにつくだろう

カーライル城

だが、愛する友よ
あの麗しきローモンド湖の岸辺で
ふたたび逢うことはないだろう

これは、日本でも親しまれているスコットランドの民謡、ロッホ・ローモンドの歌の後半部分である。ロッホは、スコットランドでは湖を意味するが、ここには、絶望と永遠の別離の深い悲しみが歌われている。わたくしの手許にある二種類の日本語の歌詞は、いずれも、遠く他国にでている者が母国を恋しがって歌ったものという理解でつくられていて、ここに訳出したものとはよほど感じの異なったものになっている。実は、この歌は、一七四五年のジャコバイト反乱のなかの、つぎのような事件を扱ったものなのである。

一七四五年の暮れのことである。おもにスコットランド人からなるジャコバイト軍は、政府軍に追われてスコットランドとの国境に近いカーライルの町にたどりついたとき、負傷者の一団を若干の守備隊とともに残していかざるをえなかった。この町は、一〇日余りで政府軍に占領されたが、そのとき、残されたスコットランド兵のある者は釈放され、ある者は処刑された。ロッホ‐ローモンドの歌は、このときの、処刑のきまった者から釈放された友への呼びかけのことばだったのである。「おお、君は高い道を／ぼくは低い道を行く／ぼくは君よりもはやく／スコットランドにつくだろう」というのは、死者は地下の道を通ってはやく故郷に帰りつくというケルトの伝説によるものであり、それゆえローモンド湖の岸辺で「ふたたび逢うことはない」のである（以上は、水田洋著『知の商人』筑摩書房による）。

ローモンド湖は、グラスゴーのすこし北にある湖で、スコットランドの人びとがこよなく愛する美しい湖である。アダム＝スミスもこの湖を賞美し、一七八四年の春に、グラスゴー大学の総長に就任したばかりのエドマンド＝バークをそこに案内している。スミスと同時代人で作家のトバイアス＝スモリットは、この湖のあたり一帯を「スコットランドの理想郷《アルカディア》」と書いたほどである。ジャコバイトの悲劇をこの美しい湖に結びつけた歌がつくられ、いつとはなしに歌いつがれて民謡となったところに、この反乱がスコットランドの人びとのなかにもった重みを感じとることができるであろう。スミスは、この反乱をオクスフォード大学のベリオル‐コリッジの窓から見ていた。二二歳の感受性豊かな青年スミスの心に、この反乱はどのように映ったのだろうか。そもそも、この反乱は、どのような性格の反乱だったのだろうか。

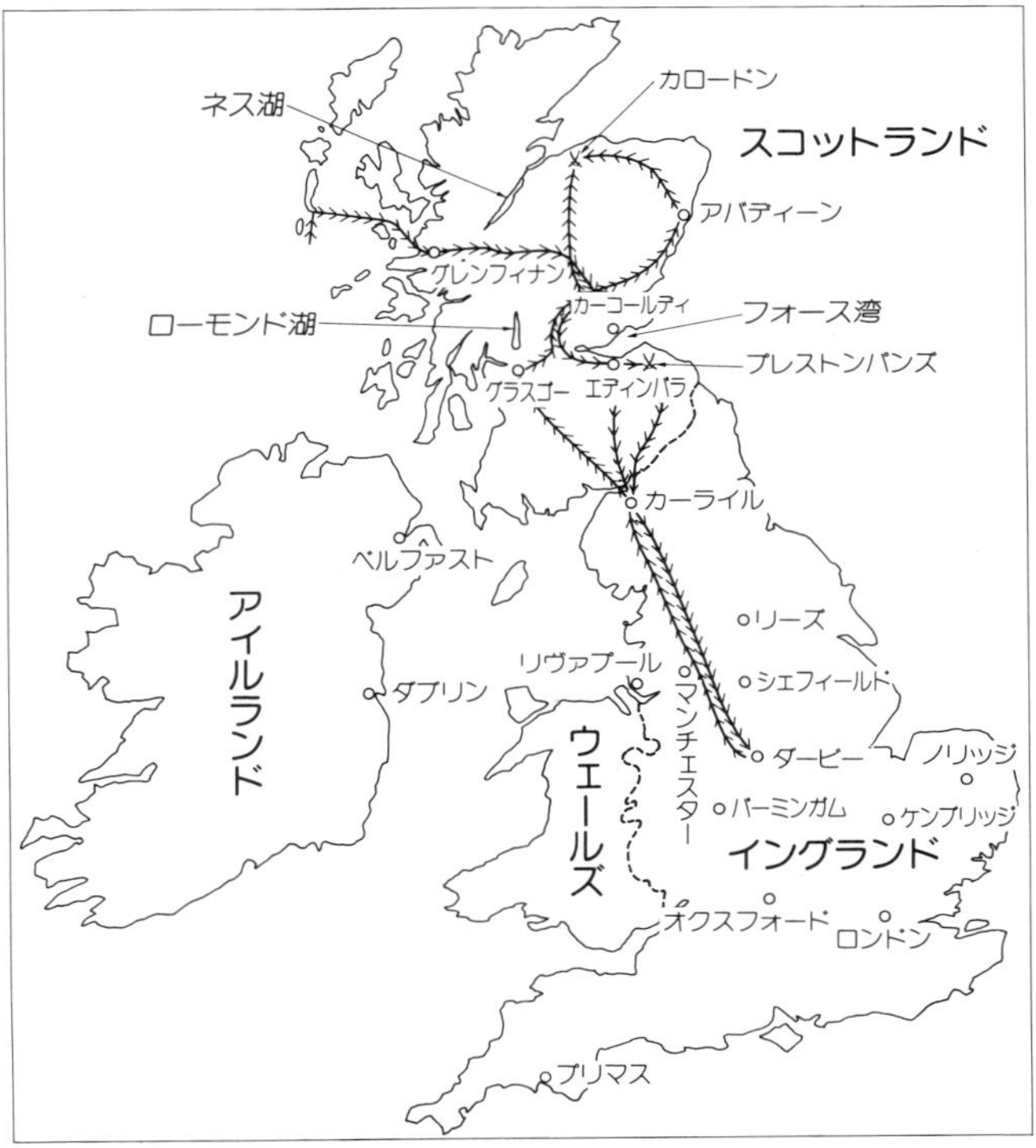

ジャコバイト反乱軍の経路

ジャコバイトの反乱

ジャコバイトということばは、ジェイムズのラテン語Jacobusに由来する。つまり、名誉革命で追放されたジェイムズ二世とその子孫を支持し、ステュアート王朝の再興をはかろうとした人びとが、そう呼ばれたのである。ジェイムズ二世は、一七〇一年に他界したが、その息子のジェイムズ＝フランシス＝エドワード＝ステュアートと孫のチャールズ＝エドワード＝ルイ＝カシミアとが、一七一五年と四五年にそれぞれ反乱を起こして王位回復をねらった。そのため、前者は、大僭称者《オールドプリテンダー》、後者は、小僭称者《ヤングプリテンダー》と呼ばれたが、これらの反乱はいずれも失敗に終わった。ジャコバイトの反乱とは、これらの反乱のことであるが、ここで問題なのは、四五年の反乱である。

四五年の反乱は、フランスの支援を期待したチャールズ＝エドワードが、たった七人の供をつれてひそかにスコットランドの西海岸に上陸し、おもに高地地方の氏族の支援を集めて、八月一九日に上陸地に近いグレンフィナンで挙兵したことで始まった。ちょうどオーストリア継承戦争のときで、イングランド正規軍の手不足が幸いしたのであろう。チャールズ軍は、一ヵ月足らずでスコットランドの首都エディンバラを占領し、一二月初めにはロンドンの北西百数十キロのダービーに達したのである。チャールズ軍の急激な進撃は、イングランドの人びとの危機意識を急速に高めた。エディンバラ近郊のプレストンパンズで政府軍が敗走したニュースがロンドンに伝えられた九月二八日、有名なドゥルアリー＝レイン劇場で、その日の演奏予定にはなかった「ゴッド＝セイヴ＝ザ＝キング」が演奏されて、人びとを興奮の渦にまきこんだのはその一例であった。人びとは、ステュアート王朝の絶対主義とカトリックの復活に反対し、現国王ジョージ二世を支持する気持ちをこめてこの歌をうたったのである。これが、のちにイギリス国歌となるこの歌の最初の公演だったが、演奏は他の劇場にもひろがって人びとの士気を高めた。ヨークシャーのように、地主や聖職者たちがジャコバイトに抵抗するための連合を結成する地方もあらわれた。正規軍が大陸からもどりつつあったのに、チャールズの期待したイングランドのジャコバイトとカトリック教徒の全面的な蜂起の気配はどこにもなかったし、フランスが援軍をだす気配もなかった。チャールズ軍は、ダービーに入って二日後には敗走に転じざるをえなかったのである。チャールズ軍は、カーライルを通り、グラスゴーを通って敗走し、翌四六年四月一六日に、インヴァネスの近くのカロードン湿原で行われた激戦で潰滅した。ロッホ・ローモンドの歌の悲劇がこの敗走途中の出来事であることは、さきにみたとおりである。

ジャコバイトの反乱は、こうして終わったのだが、この反乱は、絶対主義的なステュアート王朝の再興をめざしたという点では、復古的で反動的なものであった。問題は、そのような反乱に、なぜスコットランドの人びとが多くかかわったのか、ということである。ステュアート王朝がもともとスコットランドの王家だったからというだけではなく、そこには、つぎにみるような「イングランドとスコットランド」という問題があったのである。

カロードン湿原の記念碑

イングランドとスコットランド

イングランドとスコットランドは、エリザベス一世の死後、スコットランド王ジェイムズ六世がイングランド王ジェイムズ一世を兼ねるようになって以来、同一人物を共に国王として戴くようになったが、一七〇七年の合邦法の成立までは、クロムウェルによる一時的な合併を別とすれば、それぞれ独立した別個の国でありつづけた。ところが名誉革命後、名誉革命政府は、スコットランドを支配下におくための積極的な政策をとり始めたのである。スコットランドでは、名誉革命の際、オレンジ公支持派とジェイムズ支持派、つまりジャコバイトとの対立は、武力衝突にまで発展した。結局、オレンジ公支持派がジャコバイトを力でおさえこみ、一六九二年一月一日までに、各氏族の族長たちにウィリアムとメアリへの忠誠誓約に署名させたのである。この署名の期限に間にあわなかったマクドナルド族を虐殺した、有名なグレンコーの虐殺事件は、このときのものである。経済的にも、名誉革命政府の重商主義政策は、イングランドの対仏関係を悪化させて伝統的なスコットランドとフランスとの貿易を危険なものにしたし、航海法によってスコットランドをイングランドの植民地との貿易から排除していた。こうして氏族制度がいまだ強固に残っている高地地方をかかえ、比較的進んでいた低地地方でも、工業はわずかにエディンバラ周辺の亜麻織物と毛織物ていどで、人口の大部分が農民というスコットランド経済は、独自の国民経済を形成する力量をもてず、しだいに困窮度を深めて、合邦へと追いつめられていったのである。合邦をめぐっては、もちろん、賛否両論が激しくたたかわされ、いくつかの合邦反対暴動が起こったほどであった。

以上のような経過の末に行われた合邦は、経済的に進んだ豊かなイングランドと経済的におくれた貧しいスコットランドとの合邦であって、イングランドの人びとには優越感を、スコットランドの人びとには屈辱感を生みだしたとしても不思議ではない。イングランドの人びとの優越感は、たとえば、つぎのようなエピソードのなかにあらわれている。スミスがオクスフォード大学の食堂ではじめて夕食をとったときのことである。食卓を前にしてもの思いにふけっていると、給仕が近づいてきて「スコットランドでは、こんなに大きな肉をみたことはないでしょう。どうぞはやく召しあがってください」といったというのである。優越感は、しばしば差別意識を生みだす。古典的な『アダム・スミス伝』の著者ジョン＝レーによれば、スミスのいたベリオル-コリッジでは、スコットランド出身者は「外国人侵入者」として扱われていたという。スミスは、オクスフォードに六年いたが、イングランド出身者のなかに、生涯の友をつくることがついにできなかった。このような、イングランドの人びとの優越感や差別にたいする反感と、合邦によってスコットランドの幼弱な産業がイングランドの進んだ産業との過酷な競争にさらされたために生じた不満とが、多くのスコットランドの人びとを反乱にかりたてたのであろう。かれらは、ジャコバイトの反乱にスコットランド独立の夢をかけたのであった。それでは、スミスは、この反乱をどうみただろうか。

スミスのみたジャコバイト　三年後にジャコバイトの詩人ウィリアム＝ハミルトンの詩集に序文を書いたスミスには、反乱に参加したスコットランドの人びとの心情は理解できたにちがいない。しかし、かれには、ステュアート王朝の再興が望ましいことだとは思えなかった。実は、スコットランド出身者を差別していたオクスフォードの教師も学生も、その大部分がジャコバイトだったのである。かれらは、もちろん、スコットランドの独立を考えていたわけではなく、名誉革命後の王権にたいする議会優位の体制や市民的自由の拡大に反感を抱いていた貴族的な反動主義者にすぎなかった。スミスには、こうしたジャコバイト主義の危険な性格がよくわかっていたのである。スコットランドでも、反動的な性格はナショナリズムと分かちがたく結びついていたのであって、そのことは、反乱参加者の多くが高地地方の氏族であったことに示されている。スミスが学生生活を送ったグラスゴーのように、合邦後経済的に発展しつつあった地方は、反乱を支持しなかった。合邦は、イングランドの産業と競合するスコットランドの幼弱産業には打撃を与えたが、他方、スコットランドの特産物にたいしてイングランド市場を開き、アメリカ植民地との貿易を可能にして、スコットランドの新しい経済的発展の道を準備してもいたのであった。のちにスミスは、『国富論』のなかに、合邦はスコットランドの中流および下層階級の人びとを貴族の権力から解放したと書いたが、二二歳のスミスにそのような認識があったかどうかはわからない。しかし、アメリカとの貿易で繁栄に向かいつつあったグラスゴーを自分の目でみており、合邦のプラス効果を認識していたことは、十分に考えられるであろう。

スミスは、一七四六年の八月なかばに、オクスフォードを卒業せずに故郷のカーコールディに帰ったが、ジャコバイト反乱とオクスフォードでの差別の体験とは、スミスの心に、富裕と貧困、経済的に進んだ国とおくれた国、優越感と劣等感と差別、熱狂的愛国心の危険といった諸々の問題を深く刻みこんだにちがいないのである。

ふるさとの町

自治都市カーコールディ　アダム＝スミスは、一七二三年に、カーコールディのハイ－ストリートで生まれた。日本では享保八年で、江戸中期にあたる。誕生日は不明だが、一七二三年六月五日に洗礼を受けた記録は残されている。父は同名のアダム＝スミスで、家系はアバディーンシャーの小地主にさかのぼることができる。アバディーン大学に学んだあと、スコットランド国務相となったラウドン伯の秘書官やスコットランド軍法会議書記官を勤め、最後はカーコールディの税関監督官となったのだが、次男アダム＝スミスが生まれるまえに世を去った。母マーガレット＝ダグラスは、ファイフの地主の出で、父アダム＝スミスの二度目の妻であった。父のような公務につく人は、当時、中小地主の家系をひく人に多かった。父の遺産は、そう多くはなかったが、先妻の子ヒューとアダムによい教育を受けさせるには十分な額だったようである。

スミスが生まれ、少年時代をすごしたカーコールディの町は、フォース湾をはさんでエディンバラの対岸にある勅許都市の一つであった。勅許都市とは、国王の勅許状によって、市場開催権などの特権を認められた自治都市のことである。この町は、一九世紀の中葉からリノリウム産業の町と

カーコールディ(1838年頃)

して発展し、いまは人口五万人をこえる工業都市であるが、当時は、人口二千人前後の町であった。近くに、『ロビンソン・クルーソー』のモデルといわれるアレクサンダー゠セルカークが生まれた町ラーゴがある。

ダニエル゠デフォーは、スミスが生まれるすこしまえに、全国をくまなく歩いて『大ブリテン紀行』をまとめたが、そのなかで、イングランドやオランダとの貿易で繁栄しているカーコールディの様子を生き生きと描いている。おもな輸出品は、穀物、亜麻布、石炭、塩であって、これらは、すべてカーコールディとその周辺で生産されたものであった。そのほかに造船所があり、石炭を使う製鉄所もあって、釘や鉄器類の製造業もさかんだった。少年スミスは、釘の製造所を訪ねるのが好きだったという。この頃に観察した釘つくりの工程の記憶が、『国富論』の有名なピン製造業を例にとった分業の説明の、はるかな構想の源となったのかもしれない。カーコールディは、少年が人間や社会を観察するにはまことに好都合な場所だったのである。

「そこには、農村ではみられないいろいろな種類や境遇の人間がいて、その各々が、大都市におけるよりもはるかに完全に、かれらの習慣や困難や性格を露呈する。スミスは……この小さな場所のすべての人びと、すなわち、この町の貴婦人から……当時まだ隷属身分であった貧しい炭坑夫や製塩夫にいたるまでの人びとについて、あらゆる知識をえながら成長したと思われる。」(J・レー著『アダム・スミス伝』)

しかしながら、カーコールディの繁栄のかげには、衰退と困窮の影がしのびよっていた。デフォーは、近くのダイザートの町の衰退ぶりを描き、「これらの海港都市の衰退は……スコットランドの宮廷と貴族がイングランドに移住したことによるものと思う」と書いているが、衰退は、海港都市だけではなく、農村でもすすんでいて、浮浪者の増大という社会問題が発生していたのである。スミスは、幼くしてはやくもこの社会問題を体験することになる。

スミス誘拐事件

それは、スミスが三歳になったある日、母につれられて叔父のところに遊びに行ったときに起こった。叔父ジョン゠ダグラスは、母の兄で、ストラセンリ城の城主であった。その城のそばで遊んでいたところを、ティンクラーと呼ばれていた女のジプシーにさらわれてしまったのである。捜索隊がだされ、スミスは間もなく保護されたが、誘拐の目的は、子供の衣服ではなかったかと推測されている。カーコールディの近くにジプシーのキャンプ場ができていて、そこに通じる「ジプシーの道」が城の近くにあったらしいのである。

もともと貧民は、その親類縁者でめんどうをみきれないばあいには、乞食の許可状を与えられ、おもに教会の慈善で扶養されていたのだが、一七世紀も末になると、許可状をもたない浮浪者が著しくふえてくる。罪を犯して都市から追放された者や評判の悪い流れ者には教会会議が許可状をださなかったのだが、そうした浮浪者が増大したのである。直接の原因は多様だが、根本原因は、農村の疲弊であったといってよい。

当時のスコットランドの農業は、比較的生産力の高かった低地地方でも、ランーリグ制と呼ばれる非能率的な分散耕地制のもとで、イングランドにくらべるとはるかに幼稚な農具で耕作されていた。農民の多くは、耕作権の不安定な小作人で、農業改良の意欲をほとんどもてない状態におかれていた。もちろん、あるていどの生産力の発展はあって、一部に富農の出現もみられるのだが、大部分の農民は、スコットランドの貴族が豊かなイングランドの貴族の生活をまねるために収奪を強化したおかげで、またフランスとの戦争のために、困窮の度を深めてきていたのである。高地地方では、四五年の反乱の敗北で氏族制が解体されるまで、人びとは、族長の専制的な裁判権のもとにおかれ、軍役すら義務づけられていた。そこでは、家畜の掠奪がスポーツのように行われていたという。さらに、スコットランドの農民にとって残酷な打撃となったのは、一七世紀末から一八世紀初頭にかけてくりかえし起こった飢饉であった。ときには大量の餓死者がでたし、寒さと飢えで家畜を死なせて破産した農民は、農場をはなれ、浮浪者の群に身を投じたのである。

合邦法は、すでにみたように、貴族の支配を弱め、イングランドやアメリカ植民地との貿易を可能にすることで、スコットランドの新しい経済的発展のための条件を提供した。その効果は、スミスの生まれた頃にはではじめてはいたが、農業の近代化と工業の発展とが、浮浪者を労働力として吸収するにはほど遠かったのである。スミス誘拐事件は、このような時代を象徴する事件であったといってよいであろう。

市立学校に入学

スミスは、おそらく七歳でカーコールディの市立学校《バラ・スクール》に入学した。この学校は、六年制で、前期二年は「英語ないし国語学校」と呼ばれ、後期四年は「文法学校」と呼ばれていた。

当時のスコットランドの人びとは、日常的にはゲール語に英語が混入してできあがった独特のスコットランド語で生活しており、かれらにとって英語は外国語であって、学校で習わなければならなかったのである。スコットランドの人びとにとって、英語の習得が並大抵の苦労でなかったことは、一七六〇年代になっても、ヒュームやスミスら、その頃のスコットランドの最高の知識人たちのクラブであった選良協会が、俳優のシェリダンをまねいて英語の話し方の公開講義を行っていることからもうかがうことができる。

後期四年の「文法学校」ではラテン語教育が行われた。当時、大学の講義はすべてラテン語で行われていたから、生徒が大学に入って困らないようにするためであった。この伝統を破って、スコットランドの大学ではじめて英語で講義を行ったのは、やがてスミスが学ぶことになるグラスゴー大学の道徳哲学教授フランシス＝ハチスンだったのである。

カーコールディの市立学校は、三〇人ほどの生徒を収容できる教室が二つしかない小さな学校であったが、スミスの友人には、のちにすぐれた建築家として有名になったロバート＝アダムや、経済問題にくわしい国会議員として有名になったジェイムズ＝オズワルドや、スコットランド長老制教会の穏健派の指導者になったジョン＝ドライズデールがいた。スミスは、本好きな勉強家で抜群の記憶力をもった目立った生徒であったが、身体の弱いおとなしい子で、だれにでも親切な、みんなから好かれる子だったという。しかし、独り言をいうくせと放心癖は、この頃からみられたらしい。

グラスゴー大学時代

市立学校を卒業するとスミスは、一四歳でグラスゴー大学に進学した。密輸犯の処刑にたいする民衆の反感から生じた「ポーティアス暴動」でエディンバラが大きくゆれた翌年のことであった。一四歳といえば、いまの日本では中学生だが、当時は一二歳前後で大学に進学するのが普通だったから、スミスは、身体が弱かったためにおくれたらしい。当時のスコットランドには、アバディーン、セント-アンドリューズ、エディンバラ、グ

18世紀のグラスゴー

ラスゴーと四つの大学があったが、スミスがグラスゴーを選んだ理由は、不明である。親戚がいたからだとか、スネル奨学金をえてオクスフォード大学に留学できる可能性があったからだとか、と推測されているが、合邦後、アメリカ植民地や西インド諸島との貿易で急速に発展しつつあったグラスゴーの町とその大学の活気に魅力を感じたのかもしれない。

グラスゴーは、クライド川の河口に位置し、大西洋に通じる良港をもっていたため、合邦後たちまちアメリカ植民地貿易の中心地となった。西インド諸島との砂糖やラム酒の取引もさかんであったが、貿易の中心は、タバコであった。その頃、「タバコ卿」と呼ばれたタバコ成金たちが、緋色《ひいろ》のマントに金の頭のステッキといったいでたちで街を闊歩《かっぽ》するのがみられたのである。製造業はまだ幼年期にあり、タバコの見返りに輸出されたものの多くはマンチェスターに依存していたが、それでも亜麻布をはじめ、農具、家具、皮革などの産業が成長しつつあった。貴族的な首都エディンバラとは対照的に、グラスゴーは、「ビジネスの都市」（デフォー）に成長しつつあったのである。

こうした町の性格は大学にも反映していて、グラスゴー大学は、生活費をふくめて学費が安く、宗教的にも比較的自由であって、学生の出身家庭は、貴族、借地農業者、地主、聖職者、商人、職工、アイルランドの勤勉な小作人と、多様であった。とくにアイルランド出身（スコットランドからの移民の子孫）の学生が多いのが、この大学の特色の一つであったといわれている。スミスが「忘れえぬハチスン先生」と敬愛したフランシス＝ハチスンも、アイルランド出身であった。

このように、多様な学生が集まっていたことは、大学生活を豊かなものにしたにちがいないが、グラスゴー大学の学問水準を急速に高めるのに貢献したことの一つに、スミスが入学する一〇年ほどまえから始まった一連の大学改革があった。改革の中心は、入学から学位取得まで同じクラスで一人の教師《リージェント》からすべての科目を順々に学ぶリージェント制を廃止して、専門教授制を採用したことであった。これによって、教師は、自分の専門領域を深く研究し、それにもとづいて学生を教育することが可能になったのである。また、同じ頃、学生の要求をいれて、総長選挙権を与えたことも、学生に大学のあり方を考えさせ、大学生活を生き生きとしたものにするのに役立ったであろう。スミスは、『国富論』のなかで、グラスゴー大学の学問的水準の高さを、学生の聴講料に多くを依存させる教授の給与のあり方に求めたが、こうした一連の大学改革の重要性を見落とすことはできない。スミスが入学した頃のグラスゴー大学は、こうして、はつらつとした学問的雰囲気がみなぎるようになっていたのである。その中心にフランシス＝ハチスンがいた。

ハチスンは、アイルランド長老制教会の牧師の家に生まれ、グラスゴー大学で学んだあと、ダブリンのアカデミーで教師を勤め、一七二九年に母校の道徳哲学の教授となった。ハチスンは、ジョン＝ロックの弟子の第三代シャフツベリ伯を祖とする道徳感覚学派の流れを汲んでいた。道徳感覚学派は、ホッブズやロックの利己心中心の人間論や社会契約論を批判し、人間は、利己心のほかに利他心をもっており、他人の幸福の増進を善と感じる道徳感覚をそなえているからおのずから社会をつくるし、神についての知識がなくとも善悪の判断をなしうると主張した。ハチスンの講義もこの考えにもとづいていたから、スコットランド長老制教会の激しい攻撃を受けたのである。スミスが入学したとき、大学は、この問題で興奮につつまれていた。大学内部には進歩派と保守派の対立があったが、ハチスンを支持する学生たちが中心になって、大学は、結局は教会の圧力をはねかえしたのであった。入学したばかりのスミスがこの事件にどこまでかかわったかは不明であるが、印象は強烈だったにちがいない。

ハチスンのほかに、当時、学生に人気のあった教授に、ギリシア語のダンロップとユークリッド幾何学の難問に合理的な説明を与えたロバート＝シムスンがいた。数学と自然哲学に興味をもっていたスミスは、とくにシムスンを尊敬していた。のちにスミスは、シムスンとその弟子でエディンバラ大学の数学教授となったマシュー＝ステュアートを「わたくしの時代に生きた二人のもっとも偉大な数学者」と書いたが、ヨーロッパではじめて経済学の講義を行い、スミスの最初の伝記を残したデューガルド＝ステュアートは、このマシューの息子なのであった。

オクスフォード大学への留学

一七四〇年、マスター-オブ-アーツの学位を取得したスミスは、スネル奨学金をえて、オクスフォードのベリオル-コリッジで学ぶことになった。六月にスミスは、グラスゴーからカーライルの町を通ってオクスフォードまで、十数日を馬に乗って旅した。スコットランドからイングランドに入ったとたん、スミスは、イングランドの農業がスコットランドのそれにくらべてはるかに進んでいることに目を見張ったという。

スミスは、七月七日にコリッジへの入学を許されている。貧しいスコットランド出身の学生がオクスフォードでどのように扱われていたかは、すでに述べた。貧しいといっても、スネル奨学金は、年四〇ポンドを一一年間保証していた。この奨学金は、もともとスコットランドの監督派教会（イングランド国教会系）の聖職者を養成するためのものであったが、一六九〇年以来、スコットランドの教会が長老制に落ち着いてきたので、学

オクスフォード大学のベリオル－コリッジ

生たちは、すでにその目的に拘束されなくなっていた。スミスは、このほかにワーナー奨学金を年八ポンド五シリングもらったから、あわせて四八ポンド五シリングがスミスの年収であった。これは、のちにスミスが母校の教授になったときの固定給が四四ポンド一〇シリングであり、『国富論』にでてくるロンドンの日雇労働者の六四三日分の賃金にあたるから、かなりの高額である。しかし、当時のオクスフォードの自費学生は、一般に六〇ポンド以上を使っていたというから、これでも、スミスは、つましい生活をしなければならなかった。

しかし、問題なのは、大学生活の中身であった。入学して間もなく、スミスは、いとこのウィリアム＝スミスに「ここでの仕事は、一日二度礼拝にでて週二回講義をきくことだけ」と書いた。のちにスミスは、『国富論』に「オクスフォード大学では、正教授の大半は、ここ多年にわたり、教えるふりをすることさえ、すっかりやめてしまっている」と書いたが、毎日講義のあったグラスゴー大学からきたスミスには、これは、大きな驚きであったにちがいない。当時のオクスフォード大学は、有名大学の権威と高給にあぐらをかき、なれあいでお互いの怠惰をかばいあう教授たちと、裕福で卒業後の高い地位が保証されていて勉強する気のない学生たちとで、沈滞のきわみに達していたのである。そういう人びとは、学問的にも古い権威によりかかり新しい進歩には目をとざす。スミスは、ヒュームの『人間本性論』を読んでいるところを見つけられ、無神論者の悪書を読む不良学生として叱責されるという経験をもったのである。

しかし、そうしたオクスフォードにも、スミスにとって、一つだけいいことがあった。それは、充実した図書館がいくつもあったことである。ベリオルにもすぐれた図書館があり、おそらくスミスは、そこで、ギリシアやラテンの古典に読みふけり、イタリア、フランス、イギリスの文学作品に親しんだであろう。勉強のしすぎで病気になったこともあり、この時代にスミスは、幅広い学問的基礎を築いたのである。一七四四年には、バチェラー＝オブ＝アーツの学位をとったが、翌年、ジャコバイトの反乱が起こると、オクスフォードは、反動的なイングランド＝ジャコバイトの巣窟《そうくつ》となり、そのなかでスミスは、孤立し、おそらく不愉快な思いをしたのであろう。反乱が鎮圧されてまもない四六年八月、スミスは、「嫌悪感をもって」ベリオルを去り、カーコールディに帰ったのである。

スミスは、カーコールディの母の許で二年ほどをすごした。ハミルトンの詩集の序文を書いたり、のちにスミスの遺稿集『哲学論集』に収録されることになる論文「天文学史」を書いたりしながら、ときどきエディンバラに職さがしにでかけた。そこで、少年時代からの友人ジェイムズ＝オズワルドから、当時のスコットランド文芸興隆運動の中心人物でのちにケイムズ卿となるヘンリー＝ヒュームに紹介されたことが、スミスの運命を決めた。ヒュームの援助で、スミスは、エディンバラで一連の公開講義を行うことになり、この講義の成功でグラスゴー大学教授への道が開かれたのである。

文芸の興隆

道徳哲学と文芸

スミスのエディンバラ公開講義は、一七四八年の冬から五一年の初めまで、毎冬あわせて三回行われた。はじめの二冬は「文芸と文芸批評」（または「文芸と修辞学」）についてのもので、最後の一回は、法学または道徳哲学にかんするものであったと推測されている。文芸が主要部分をなしていたらしいのである。スミスは、グラスゴー大学の道徳哲学の教授になってからも、文芸の講義をつづけており、イギリスの大学ではじめて英文学の講義を行ったのはスミスであったともいわれている。道徳哲学は、今日の倫理学と社会科学に相当するが、そうしたものへの関心と文芸への関心とは、どのように結びつくのだろうか。この問題を理解するためには、一八世紀のイギリスにおける文芸の興隆の状況をみておかなければならない。

新しい文芸の興隆

名誉革命以後の文芸について、まず注目されるのは、一六九四年に出版物の事前検閲が廃止されて、ジャーナリズムが急速に発展したことである。それ以前には、ニュース紙は、ほとんど官製に近い「ロンドン-ガゼット」一紙だけだったといわれている。しかし、それ以後は、いろいろな定期刊行物が各地でだされるようになり、一七〇二年には「デイリー‐クーラント」という世界最初の日刊紙がだされるに至るのである。デフォーの「レヴュー」、アディスンとスティールの「タトラー」と「スペクテイター」などが一八世紀初期の有名な定期刊行物である。総合的な月刊雑誌では、一七三一年に「ジェントルマンズ‐マガジン」がだされた。すこしおくれてスコットランドでも、一八年に「エディンバラ‐イヴニング‐クーラント」が、二〇年に「カレドニアン‐マーキュリ」が、そして三九年には、総合雑誌「スコッツ‐マガジン」がだされている。これらの定期刊行物は、ニュースだけではなく、エッセー、評論、書評、劇評、音楽評など文化のあらゆる問題をとりあげて、新しい時代の文化の創造に重要な役割を果たしたのである。

デフォー（上）とスウィフト

つぎに注目されるのは、小説という散文芸術の成立であった。デフォーの『ロビンソン・クルーソー』（一七一七）、スウィフトの『ガリバー旅行記』（一七二六）、リチャードスンの『パミラ』

（一七四〇）などが広く受け入れられて、小説が文芸のなかに地位を占めるようになったのである。以前は、詩、つまり韻文が文芸の中心であった。韻文の芸術は、日常語とは距離があるから、鑑賞する側にもあるていどの訓練が必要である。小説の世界は、文字さえ読めればだれでも容易に入って行ける世界だから、貴族とちがって、日々の職業活動にいそがしい市民階級にも、容易に楽しむことのできる世界だったのである。

ジャーナリズムも散文芸術も、いわば、余裕をもちはじめてきた市民階級の生みだした文化であったが、こうした文化の成立によって、文筆家は、パトロンという「横柄に援助を与えて追従をうける下劣な人」（ジョンスン『英語辞典』）から独立することが可能になった。他方、当時、大部分が参政権をもっていなかった市民階級は、文筆家のなかにかれらの代弁者を見出し、世論の形式に影響を与えようとしたのである。文筆家は、貴族からは独立しても、商業主義へのおもねりという新しい危険にさらされることになったのだが、重要なことは、以上のような文化の成立によって、政治や社会のなかで、世論が決定的に重要な意味をもつようになったということである。つまり、権威や暴力ではなく、説得が重要な時代になったのである。スミスの文芸への関心は、スミスがこうした新しい時代の特質をとらえていたことに根差していたのである。

スコットランドの文芸興隆 イングランドにくらべて、経済的にも文化的にもおくれていたスコットランドでは、文芸の興隆は、すぐれて啓蒙運動の性格をもった。スコットランドでも、イングランドにややおくれてジャーナリズムが成立したことはすでに述べたが、散文芸術の世界でも、トバイアス＝スモリットや、ややおくれてウォルター＝スコットやジョン＝ゴールトがあらわれる。しかし、スコットランドの文芸興隆の特徴は、アダム＝スミスをはじめ、哲学者のディヴィッド＝ヒュームや歴史家のウィリアム＝ロバートスンなど、今日スコットランド啓蒙思想家とよばれている一群の学者たちを生みだしたことである。かれらの作品は、狭い意味での文芸、つまり文学ではないけれども、広い意味では文芸といっていいであろう。

スコットランド啓蒙思想家たちの学問は、スコットランド歴史学派ともいわれるように、歴史的感覚が鋭く豊かなのが特徴である。それは、かれらが、四五年のジャコバイトの反乱まで氏族制が残っていたような後進地域を背後にかかえ、前方には、豊かな進んだイングランドを眺望できるような位置におかれていたことと無関係ではないだろう。かれらは、スコットランドの「おくれ」と「貧しさ」の克服という問題をつねに意識せざるをえなかったのであって、しばしば、進んだイングランドへの対抗意識がかれらの学問的営みの精神的バネになったのだといわれる。経済的におくれた貧しいところで、かえって豊かな精神文化が花開いた例だが、もちろん、極端に貧しいところでは、学問的営みはなりたたない。おくれていたとはいえ、合邦後、グラスゴーがアメリカ植民地貿易のイギリス最大の拠点となって、グラスゴー周辺の諸産業の発展の牽引車的役割を果たしてきていたし、イングランド市場の開放は、亜麻布などのスコットランド特産物産業を拡大し、高地地方を主産地とする黒牛の価格を高めて農業改良を促進しつつあったのである。また、四五年の反乱後、高地地方の氏族制は解体し、低地地方の封建遺制も急速に力を失ってきていた。そして、一八世紀末には、グラスゴー一帯は、産業革命の中心の一つになるのである。

しかしながら、スコットランド啓蒙思想家の多くは、近代社会への歩み＝社会的分業と商品交換の発展を、ほとんど必然と認めながら、それを手放しで歓迎したわけではなかった。かれらは、近代社会の明暗をともにみていたのである。たしかに、社会的分業と商品交換の発展は、人びとを身分的従属から解放して自由・独立にし、独立心や慎慮の徳を生みだし、富をもたらす。しかし、富は、しばしば人間を堕落させるし、分業は、労働を単純化することで人間を愚鈍にする。したがって、スコットランドの近代化を考えるばあい、かれらにとって、「富と徳」という問題が大きな問題だったのである。かれらの学問的営みは多方面にわたるが、中心が道徳哲学であったのは、そのためであろう。スミスも道徳哲学者として出発したのであるが、そのなかから経済学を生みだすことによって、スコットランド啓蒙思想家たちの近代的人間と社会の把握の限界をのりこえるのである。

さて、スミスが公開講義でエディンバラにでてきたとき、スコットランドの文芸興隆は、その最

エディンバラ大学神学部　プリンセス－ストリートからのぞむ。

盛期を迎えようとしていた。当時のエディンバラは、人口三万数千人で、ロンドンにつぐイギリス第二の都市であった。合邦後、議会がなくなって、政治的野心をもつ者はロンドンに移住したが、法律家をはじめ多くの知的専門職業人を集めていて、「天才の温床」（T・スモリット『ハンフリ＝クリンカーの旅行』）になっていたのである。エディンバラ大学も、すぐれた大学で、世界で最初にニュートンの『プリンキピア』の講義が行われたのも、いちはやく専門教授制を導入したのも、この大学であった。町中の文化活動もさかんで、さまざまなクラブや協会がつくられ、法律家、大学教授、医師、聖職者、商人、製造業者などさまざまな人びとの知的交流の場となっていた。一七五四年に創設され、スミスもその会員になった選良協会について、『ケイムズ卿とその時代のスコットランド』という本を書いたイアン＝シンプスン＝ロス教授は、「それは、エディンバラの知識人たちのアゴラであった」と書いた。アゴラは、ギリシアの都市の市民たちの、市場をかねた広場である。エディンバラは、やがて壮大な都市計画にもとづき、建築にギリシアの様式をとり入れた美しい街並をつくり、北のアテネといわれるようになるが、それにさきだって多くの知的精神的アゴラが成立していたのである。スミスの公開講義も、そのなかの一つでエディンバラ哲学協会が主催したものと推定されており、ヘンリー＝ヒュームは、その有力な会員だったのである。

エディンバラでの公開講義　はじめに、スミスの講義の主要部分が文芸であったらしいと書いたが、この公開講義については、資料が残されておらず、ほんとうのところはよくわからない。ただ、デューガルド＝ステュアートが『アダム・スミスの生涯と著作』のなかで、スミスのすぐれた弟子の一人ジョン＝ミラーの文章として伝えているところによれば、スミスが一七五一年にグラスゴー大学の論理学の教授になって行った論理学の講義の主要部分が修辞学と文学であったということであり、おそらくエディンバラ公開講義が利用されたにちがいないと推測できるだけである。しかし、スミスの文学にかんする講義の内容が「修辞学と文学」であったことは、スミスが一七六二年から六三年にかけて行った講義を学生が克明に筆写した『修辞学・文学講義ノート』が一九五八年に発見されて、あきらかになった。論理学の講義の主要部分が修辞学と文学であったとは、どういうことであろうか。

論理学は、思考の様式や法則の学問であり、思考はことばで行われるのだから、表現や伝達の問題をふくむのである。したがって、スコットランドの大学でも、論理学と修辞学とは、互いに関連のある学問とされてきた。しかし、従来は、講義はラテン語で行われ、諸学派の形式的で煩瑣《はんさ》な分類などに終始していたらしいのである。スミスは、英語で講義を行い、英語の修辞学を創始しようとしたのであった。さきの『講義ノート』で、文学作品、歴史書、法廷弁論などをとりあげているが、スミスの関心の中心は、思想と感情の正確で適切な表現と伝達にあったのであって、このことは、かれが社会における世論と説得の重要性を認識していたことと無関係ではない。

第三回目の、法学か道徳哲学の講義の主題については、スミスが一七五五年に書いた文章として、ステュアートが伝えているつぎの文章がある。

「人間は、一般に、政治家や計画家から、一種の政治的機械の材料とみなされている。計画家は、人間的事象における自然の作用の経過を混乱させる。自然がその意図を達成できるためには、自然を放任し、自然にその目的の追求を公明正大に行わせれば足りる。……一国を最低の野蛮状態から最高度の富裕にまで導くには、平和、軽い税、および耐えられるていどの正義の執行のほかは何も必要としない。他のいっさいは、事物の自然の成り行きによってもたらされるからである。この自然の成り行きを妨げたり、他の水路に押しやったり、……社会の進歩を特定の点に止めておこうとするすべての政府は、反自然的であり、自己を維持するために抑圧的で専制的とならざるをえない。……ここにあげられている意見の大部分は、……わたくしの諸講義の不変の主題をなしてきた。それらはすべて、わたくしがエディンバラを去るまえの冬に、同地で行った講義の主題をすばでになしていたのである。」ここには、のちの『国富論』にみられる考え方がすでにあらわれているといっていいだろう。

スミスの公開講義は、大成功であった。この講義で、スミスは、毎年一〇〇ポンド以上をえたという。この種の講義の聴講料は一ギニー（一ポンドと一シリング）だったというから、一〇〇人以上の聴講者がいたことになる。そして、この講義の好評のおかげで、スミスは、母校の論理学の教授に迎えられることになったのである。

『エディンバラ評論』の刊行

グラスゴー大学教授になってからも、スミスはしばしばエディンバラを訪れて、クラブや協会の集まりに出席した。それらのクラブや協会のなかで、スミスにとって重要な意味をもったのは、選良協会であった。この協会は、画家のアラン＝ラムジーの発案でつくられたといわれているが、科学、製造業、農業の奨励のために賞をだしたり、英語力向上のための講習を行ったりした。例会での討論の水準の高さが評判になって、当初一五人だった会員がたちまち一三〇人にふくれあがったという。会員には、知識人のほかに農業者などもふくまれていて、具体的な農業問題も多く話題にのぼった。スミスは、グラスゴーの経済クラブでは、商業や製造業の知識を仕入れたが、この選良協会では、農業にかんする具体的な知識を仕入れたにちがいないのである。

エディンバラにおけるスミスのもっとも重要な活動は、一七五五年に、友人アレクサンダー＝ウェダバーンとともに『エディンバラ評論』を刊行したことである。創刊号の序文で、編集者は、スコットランドは文化的には「少年の段階にあり」、いっそうの前進のためには科学が必要であると主張し、「科学が漸次前進していることを人びとに示すことは、かれらを……学問のいっそう熱心な追求へとかりたてる方法となるだろう」と刊行の意図を説明した。この雑誌は、二号までしかつづかなかったが、その理由は、教会の圧力であったらしい。

スミスは、創刊号に、その年の四月にでたジョンスンの『英語辞典』の批評を書いたが、重要なのは、第二号によせた「編集者への手紙」である。そこでスミスは、ヨーロッパ全体を見わたして、最近学問的にみるべき成果をあげているのは、フランスとイングランドだけだとして、この二つの国の文化を比較しつつ、とくに注意をフランスの学界に向けているのである。スミスが高く評価しているのは、ディドロらの『百科全書』、ビュフォンの『博物誌』、ルソーの『人間不平等起源論』、ヴォルテールの『シナの孤児』などであるが、とくにルソーには多くのスペースをさいている。スミスの注意をひいたのは、ルソーの自然状態と文明社会の対比であった。

ルソーによれば、自然状態での人間は、自己保存の感情である自己愛と他人への憐れみの情とをもっていたが、私有財産と不平等が発生して社会を形成するようになると、人間は、利害関係にまきこまれて憐れみの情を失い、利己主義者に堕落したのである。しかし、ルソーは、文明の発達が人間の精神的諸能力を発展させたことを認めており、自然状態に戻ることを主張したわけではない。文明社会のなかで憐れみの情を取り戻すことによって抑圧と戦争をなくすための、政治や教育のあり方を、ルソーは追求したのであった。スミスは、ルソーとは異なり、ふつうの人びとが利己心によってつき動かされている現実をふまえて、人びとが利己心を追求しながら平和に暮らせる社会や国家のあり方を考えていくのである。

大学教授として

商業都市グラスゴー

スミスは、一七五一年一月にグラスゴー大学論理学教授に任命されたが、大学の宿舎に母と従姉のジャネット＝ダグラスを伴って移り住んだのは、その年の一〇月であった。オクスフォード大学への留学のためにこの町をでてから、一〇年余りの歳月が経過していた。かつてスミスが学んだ教授たちのうち、生き残っていたのは、わずか二人だけだったという。グラスゴーの町もまた大きく変化しつつあった。

グラスゴーは、アメリカ植民地や西インド諸島からタバコや砂糖やラム酒をもってきてヨーロッパ各地に再輸出するという、仲継貿易で繁栄してきた。この仲継貿易は、アメリカ独立戦争が始まる頃に頂点に達するのだが、関連する諸産業の発達を促さずにはおかなかった。グラスゴーの外港でジェイムズ＝ワットの生まれた町グリーナックは、造船業で栄えたし、グラスゴーとその周辺は、七一年頃までには、イギリスの主要な亜麻織物産業地帯となった。メリランドの黒人奴隷用農具を製造するスミスフィールド鉄工場やアメリカの農園むけの靴や鞍を製造するグラスゴー製革工場も設立された。

一七五九年の夏、政治家のチャールズ゠タウンゼンドがグラスゴーを訪れたとき、スミスは、かれを製革工場に案内し、工程の説明に夢中になって足をふみはずしてしまい、悪臭ふんぷんたる鞣《なめし》革《がわ》用液槽に転落してあやうく一命を失うところだったという話が残っているが、皮革産業は、亜麻織物についで重要なグラスゴーの産業であった。金属加工業、製陶業、銀行の多くもこの頃設立されたのであり、スミスの大学教授時代のグラスゴーは、仲継貿易都市から産業都市への変身の過程にあったのである。

スミスがグラスゴーでは経済クラブで商業や製造業の知識を仕入れたことには、すでにふれたが、このクラブは、四五年のジャコバイト反乱のときにグラスゴーの市長をしていてジャコバイトに抵抗した、クライド最大の商人アンドリュー゠コッホランが四〇年代につくったものであった。ジョン゠レーによれば、クラブの主要な話題の一つは、貿易上の制限撤廃であった。そのばあい、制限撤廃というのは、原料輸入の自由化を意味していた。たとえば、グラスゴーの商人や製造業者は、五六年に亜麻糸の輸入税撤廃に成功したが、亜麻布の輸入を禁じ、妻が輸入亜麻布を身につけていると夫に罰金を課するという四八年の法律を撤廃することは、夢にも考えなかったのである。これこそ、スミスがきびしく批判してやまなかった重商主義者の姿なのである。スミスは、商人や製造業者と交じりながら、すでに一定の距離を感じていたにちがいない。

スミスは、教条的な自由貿易論者ではなかった。かれは、この亜麻糸の輸入自由化には反対だったという。なぜなら、当時、亜麻糸は、全国に散在する貧しい小屋で多くの女たちによって紡がれており、輸入税撤廃は、そうした女たちから生計の手段を奪うことを意味していたからである。のちにスミスは、『国富論』のなかでこの問題を論じて、つぎのように結んだのである。「わが国の重商主義政策によってもっぱら奨励されているのは、富者と権力者とのために営まれる産業であって、貧者や窮迫者の利益のために営まれる産業は、あまりにしばしば無視されてしまうか、ないしは抑圧されるかのいずれかなのである。」

グラスゴーは、以上のように、近代的な産業都市へと成長しつつあったが、ギルド規制や教会の規律など、まだまだ古い風習を残していた。たとえば、六二年に五人の商人が常設の劇場を建設しようとしたとき、市議会も市民の多くも、また大学も反対した。美や快楽に心を奪われてはならぬというカルヴィニズムの風潮が強かったためである。スミスは、大学を代表して反対運動にかかわったが、スミス自身は演劇の愛好者であり、のちに『国富論』のなかで「他人の中傷とか猥褻《わいせつ》とかにわたらぬかぎり」民衆娯楽を自由にすべきであると主張しているのである。スミスが反対運動にかかわったのは、大学の評議会の決定に従っただけなのであろうか。

ヒュームの理解者

道徳哲学の教授であったトマス゠クレイギィが死亡したので、スミスは、五二年の春に自分の希望で道徳哲学の教授に転じた。論理学によりも道徳哲学

ヒューム

に、スミスは、より強い学問的関心をいだいたためであろう。このとき、スミスは、論理学の後任教授に畏友デイヴィッド=ヒュームを推薦した。

スミスがオクスフォード時代にヒュームの『人間本性論』を読んで叱責された話はすでに書いたが、ヒュームは、スミスよりも一二歳年長で、このときまでにすでに学者としての地位を確立していた。二人の出会いは、おそらくエディンバラの哲学協会であろう。ヒュームは、ウィーンやトリノのイギリス大使館勤務をやめて帰国し、五一年の暮れにこの協会の幹事に選出されたが、スミスは、翌年に入会しているのである。ヒュームは、無神論者として教会関係者から非難され、恐れられていた。そのため、四四年にエディンバラ大学の倫理・精神学教授に応募して断られていた。その頃のエディンバラ大学では、教会や市議会が教授の任命に直接影響力を行使していたらしいのである。その点では、グラスゴー大学が一歩進んでおり、スミスは、同僚の医学者ウィリアム=カレンとともに熱心にヒュームを推したが、今度は、大学内部に反対があって、結局は失敗してしまった。

ヒュームの主張は、経験論哲学の考え方を徹底させたもので、人間の感覚でとらえることのできない神は、存在するともしないともいえない、だからそんな人間の能力をこえたことを思い煩うよりも、人間生活の注意深い観察を行って人間を考察し、人間の本性をあきらかにするほうが大事だ、ということであった。道徳を神から切り離したハチスンも、人間の幸福を願う神の存在に疑いをさしはさまなかったのだから、教会にとって、ヒュームは、ハチスンよりももっと危険な思想家ということになるだろう。かつて教会の攻撃からハチスンをまもったグラスゴー大学であったが、そうしたヒュームを容れるほど自由ではなかったのである。世の不評を買うのを恐れたためともいわれるが、大学だけが自由を完全に享受することはありえないというべきかもしれない。

こうして、スミスは、ヒュームを同僚として迎えることはできなかったが、ヒュームのよき理解者でありつづけた。ヒュームもまたスミスの最良の理解者であって、『国富論』の原稿がほぼできあがったとき、過労のために著しく衰弱したスミスは、ヒュームを遺言執行人に指名したほどであった。だが、死は、ヒュームに先に訪れた。ヒュームは、『国富論』の刊行をだれよりも喜んだのだったが、その数ヵ月後の七六年八月二五日に不帰の客となったのである。死に際して、ヒュームは、『自叙伝』をはじめ未公刊手稿の管理をスミスに託したが、そのなかの一つ『自然宗教にかんする対話』を、スミスは、自分の手で公刊することに賛成できなかった。不毛な神学論争にかかわりたくなかったためと考えられるが、しかし、それだけ用心しても、不快な非難を免れることはできなかった。『自叙伝』のために書いた短い文章が問題とされたのである。そこでスミスは、親友の人柄をたたえ、平静に死を迎えた様子を伝えた。非難は、無神論者がスミスのいうような善良で有徳な人間ではありえないし、安らかに死ねるわけがない、というものであったのである。

評判のよいスミスの講義

当時の大学の学期は、一〇月一〇日から翌年の六月一〇日までで、講義は、朝早くから始まった。講義のはじめにお祈りをするのが習わしで、スミスは、就任したとき、そのお祈りをやめさせてもらいたいと評議会に願いでたが許されなかったという話が伝えられている。スミスの道徳哲学の講義は、一般講義で、朝七時半から八時半まで、月曜日から金曜日まで毎日行われた。そして、その朝の講義がよく理解されているかどうか、毎日一一時からテストを行った。そのほか、別の主題の講義を、たとえば、修辞学・文学の講義を特別講義として、週三回、正午から一時間行った。当時のグラスゴー大学の学生は三〇〇人ぐらいで、一般講義の受講者は九〇人前後、特別講義のそれは二〇人足らずだったというが、教師の負担は、なかなかのものである。

スミスの講義を聞いたジョン＝ミラーが伝えるところによると、スミスの道徳哲学の講義は、四部門に分けられていた。自然神学、倫理学、正義（法と統治）論、それに政治経済論といっていい部門である。これらのうち、自然神学についてはまったく手がかりが残されていないが、倫理学は『道徳感情の理論』に結晶し、政治経済論は『国富論』に発展した。法学については、学生がとったノートが二点発見されている。一つは、六二年から六三年の講義のノートであり、もう一つは、六三年から六四年の講義のものと推定されるものである。これらのノートから、スミスは、五九年に『道徳感情の理論』を刊行してからは、道徳哲学の講義の力点を、本来の道徳哲学はこの著書にまかせて、法学に移していたことがわかり、また、政治経済論は、まだ未成熟な形で法学のなかに包摂されていたことがわかるのである。

スミスの講義の評判はよく、その聴講者のなかには、大学の卒業と関係なしに通ってくる富裕な市民の子弟もみられたという。『道徳感情の理論』が出版されると、名声は国際的となり、ヴォルテールの友人でジュネーヴの名医トロンシャンがその息子をスミスのもとに留学させたし、五五年に創立されたばかりのモスクワ大学からは、デスニッキーとトレチャコフという二人の留学生がやってきたほどであった。

大学運営とスミス

大学教授の主要な仕事が研究と教育であることはいうまでもないが、それだけをしていればすむというものではない。大学は、他のギルドと同様に自治権をもった自治団体であって、その構成員は、その運営に責任をもたなくてはならないのである。

当時のグラスゴー大学は、教授が一二〜一三名、学生三〇〇人ほどの小さな大学であったが、その運営はかなり複雑であった。教授の任命にしても、大学が独自に任命できる講座と勅任の講座というのがあった。総長《レクター》や学部長《ディーン》は、多くのばあい、教会関係者や法曹界から選ばれていた。総長は、大学法廷や評議会を主催した。評議会は、総長、学部長、グラスゴー教会の牧師が主要メンバーで、教授たちは、陪席として出席したにすぎなかった。他方、教授団には学長《プリンシパル》がいて教授会を主催した。つまり、当時のグラスゴー大学は、評議会と教授会の二重管理のもとにおかれていたのである。そして、評議会は、外部から大学に圧力をかける窓口に容易になりえたのであった。

しかし、スミスの教授時代に、事態は変わりつつあった。学部長は教授から任命されるようになったし、総長は不在総長として完全に名誉職化し、評議会は、教授から任命された副総長が主催するようになった。スミスも、六〇～六二年に学部長をつとめ、六二年には副総長になっている。こうして、外部からの圧力の可能性を大幅に封じ込めてしまったのである。しかし、評議会と教授会の管轄範囲や副総長と学長の権限範囲が不明確で、しばしば争いが起こった。スミスは、学部長のとき、この問題を解決するための委員にされて、すでに市民法の教授になっていたジョン＝ミラーらといっしょに報告書を作成した。スミスは、この報告書で、財務と人事を評議会の、学位授与や図書館管理などを学部長主催の教授会の、その他の日常業務を学長主催の教授会の、それぞれ権限とすることで問題を解決しようとしたが、うまくいかなかったらしい。

また、スミスは、大学の自治の問題を教授の自律性の問題と関連させて考えていたから、教師のあいだのなれあいにきびしい態度をとった。五九年に、宗教史教授のウィリアム＝ルーエがホープトン卿の息子の家庭教師として外遊する約束をし、その貴族から、ルーエ教授に休暇を与えてほしいという願いがだされたことがあった。評議会は、それを拒否したが、ルーエは辞任せずにでかけてしまった。この教授は勅任教授だったので、やめさせるのに手間がかかったが、大学は、結局ルーエを辞任させた。スミスは、ルーエとは親しかったにもかかわらず、きっぱりとやめさせる側にたったのである。これは、一例にすぎないが、スミスは、大学教師の自律性の欠如こそ、大学を腐敗させ、外部の干渉をまねくことになると考えていたのであろう。

スミスは、五八年から教授を辞任するまで、財務委員として、大学の財産の管理や施設の充実につとめた。スミスは、その放心癖から想像される事務的に無能な人物像とは異なって、大学行政にもきわめて有能な手腕を発揮したのである。ジェイムズ＝ワットも、おそらくそうしたスミスの手腕のおかげをこうむった一人であるだろう。

スミスとワット

一七三六年に造船業の町グリーナックに生まれたワットは、製図用器械などの数学用器具製造業者として身をたてようとしたが、七年間の徒弟奉公を経験していなかったために鍛冶屋ギルドに加入できずグラスゴーでもロンドンでも開業を許されなかった。困っていたワットに仕事場と住居を与えたのが、グラスゴー大学であった。五六年秋のことであるが、大学にはギルド規制が及ばなかったからである。生活はかなり苦しかったようであるが、しかし、ここには、ワットの才能を開花させる条件がととのっていたのである。

ジェイムズ＝ワット

まず、自然哲学のジョン＝アンダースン教授がいた。この教授は、職工や職人のために大学内で自然哲学の夜間講義を行い、労働者教育や成人教育の先駆者となったといわれる人であるが、ワットは、おそらくその講義を聞いたであろう。実は、このアンダースン教授こそ、ワットのところにニューコメン＝エンジンの修理をもちこんで蒸気機関改良のきっかけをつくった人だったのである。また、ワットの分離コンデンサー考案の理論的前提となった潜熱の原理を発見した化学のジョーゼフ＝ブラック教授がいた。ブラックは、コークスを使用するスコットランド最初の大製鉄所であるキャロン製鉄所（一七五九年設立）の建設者の一人であったジョン＝ローバックの友人の一人であり、ワットは、このローバックの援助で蒸気機関の改良に成功したのである。ワットは、フランス、イタリア、ドイツの三ヵ国語を勉強して諸外国の科学文献を読みこなしたほか、哲学書を読み、詩や音楽を愛し、古代史や法律や芸術についての知識も豊富だったというから、おそらくスミスの講義も聴講したのであろう。

しかし、ワットが蒸気機関の改良を完成したのは、スミスがグラスゴー大学を辞任した後のことであった。ワットはローバックと共同で事業化しようとしたが、ローバックが七三年に破産して、

マシュー＝ボールトンのソホー工場　バーミンガム

その権利を借金と棒引きでバーミンガムの友人マシュー＝ボールトンに譲渡してしまったため、翌年、バーミンガムに移り、そこで商業的成功をみるのである。スコットランドは、ワットの才能を育てたが、それを事業化する経済的力量をいまだもたなかったということであろうか。

『道徳感情の理論』の評判

スミスの最初の著作『道徳感情の理論』は、一七五九年三月にロンドンで出版されて、たちまち高い評判をとった。ちょうど七年戦争の最中であった。重商主義政策のもとで、植民地をめぐる戦争がくり返されるなかで、しだいに膨張する国家の財政と権力に眉をひそめながら、スミスは、国家の役割を限定して個人の自由を確保することをはるかにみすえつつ、この本を書いたにちがいないのである。この本でスミスは、封建社会から解放された個人が、それぞれ自由に自分の利益を追求しながら、どんなふうにして社会関係を作り、維持していくかを問題にしたのだが、その内容はあとでみることにして、ここでは、当時の反響にふれておこう。

当時ロンドンにいたヒュームからの四月一二日付の手紙は、この本が出版されてから二～三週間しかたっていないのに、いかに好評をもって世間に受け容れられつつあったかを示している。ヒュームは、おどけた調子で、その好評ぶりを伝え、出版人のミラーが「三分の二はすでに売れたし、いまや成功まちがいなしと自慢」していると伝えて、「イングランドで一番賢明な人と認められている」チャールズ＝タウンゼンドが、この本に感心して、バックルー公をこの本の著者の指導のもとにおきたいとオズワルドに語った、と伝えてきたのである。この本でスミスの名声が国際的になったことはすでにふれたが、はやくも六四年にはフランス語訳がパリでだされ、世紀末までに、フランス語訳三種類、ドイツ語訳二種類に及んだ。国内でも、スミスの生前に六版をかさね、スミスは、改訂と増補のためにペンをとりつづけたのである。

タウンゼンドは、風見鶏と異名をとるほど気まぐれで知られていたが、ヒュームの手紙にある話は、気まぐれな思いつきではなかった。この夏、タウンゼンドは、自らグラスゴーにスミスを訪ね、バックルー公の家庭教師の約束をとりつけたらしいのである。スミスがタウンゼンドを製革工場に案内し、説明に夢中になって鞣革用液槽に落ちた話は、このときのものである。条件は、フランス旅行の費用のほかに年三〇〇ポンド、任務終了後は終身年金三〇〇ポンドというもので、年金もつかない大学教授の年収をはるかにうわまわるものであった。グランド＝ツァー（当時、貴族が、その子弟を、大学にやるかわりに学者を家庭教師につけてイタリアやフランスに遊学させたことをいう）をあまり有効な教育方法とは認めていなかったスミスが家庭教師をひきうけたのは、こうした収入のよさもあるだろうが、夏休みの四ヵ月しか研究にうちこめないという、大学教授のいそがしさから逃れたかったためかもしれない。しかし、それよりも、『エディンバラ評論』でフランスの学界に注目していたスミスは、じかにフランスの学者たちに接したかったはずである。

フランス旅行

若いバックルー公爵は、タウンゼンドの義理の息子で、当時、イートン校に在学中であった。公が同校を卒業してフランス旅行に出発するまでの四年間は、学部長や副総長の要職をこなさなければならなかったスミスにとって、多忙な四年間であった。その間、一七六〇年にジョージ三世が即位し、六二年にトーリー党のビュート伯が首相になって、長くつづいたウィッグ党の支配が終わり、六三年には七年戦争が終結して、歴史は、新しい段階に移行しつつあった。

ウィルクス事件

ジョージ三世が即位したとき、スミスは、大学の依頼で起草した祝辞のなかで、二二歳の国王に、国民の権利と自由を大事にすることこそ国王の「高邁《こうまい》な大志」と説いた。しかし、この国王は、自分の家庭教師でスコットランド出身のビュート伯を首相にすえて、王権の強化をはかっていくのである。このトーリー党政府を激しく批判したのが、ウィッグ党の国会議員ジョン＝ウィルクスであった。ウィルクスは、作家のスモリットを編集長とするビュート伯の宣伝紙「ブリトン」に対抗して「ノース-ブリトン」をだしていた。その六三年四月二三日発行の第四五号で、ウィルクスは、国王の議会開会演説をひいて政府攻撃を行い、名誉毀損罪に問われるという事件が起こった。政府は、容疑者全員の逮捕を認めた一般逮捕状をだして、ウィルクスをはじめ印刷業者まで四九人を逮捕してしまったのである。ただちにロンドン市民が「ウィルクスと自由」というスローガンをかかげて抗議運動に立ち上がったため、かれらは、間もなく釈放されたが、ウィルクスは、翌年、パリへの亡命をよぎなくさせられた。

これは、有名な一連のウィルクス事件の最初の事件であるが、スミスは、六四年の二月初め、バックルー公とともにこの事件の興奮が残っていたロンドンを後にして、パリに向かったのである。スミスがウィルクス事件に関心をもっていたことは、スミスの蔵書のなかに「ノースーブリトン」の合本があり、『国富論』のなかで、一般逮捕状を「疑いもなく悪用された手続き」と批判していることから、うかがうことができる。

ウィルクス ホガースのエッチング

グラスゴー大学との別れ

スミスは、大学をやめるにあたり、学期途中であるので、残りの講義を大学の指名する代講者に託さなければならなかった。その代講者の給与は、かれ自身が支払うように手配した。また、学生には、すでに支払われていた授業料を払い戻すことにした。そのときの感動的な様子をA・F・タイトラーの『ケイムズ卿伝』が伝えている。

「かれは、最後の講義を終えると、聴講者に、いまやお別れのときがきたことを教壇から正式に告げ、同時にかれとしてできるかぎり聴講者のためになるよう計らった取り決めのことを説明したのち、ポケットから一つ一つ別の紙につつんだ学生の授業料を取りだし、学生の名前を順々に読みあげようとして、まず第一番目に呼ばれた学生の手にそのお金を渡した。その青年は、断乎としてそれを受け取ることを拒み、自分が受けた教えと満足とはきわめて大きく、それにたいしてお返しもできなかったし、永久に償うことはできないでしょうといった。教室の全員が口々に同じことを叫んだ。しかし、スミス氏も自説をまげなかった。感謝の念と、若い友人たちが示してくれた敬意にたいする感動とを心をこめて披瀝《ひれき》したのちに、かれは、つぎのように語った。これは、自分と自分自身の心とのあいだの問題である、自分が正しく適当と考えたことを実行しないでは、自分は満足することができないのだと。『諸君は、この満足をわたくしに拒否してはいけません。いや、神かけて、紳士たる諸君はそういうことはすべきではありません。』そういって、かれは、そばに立っている青年の上衣をつかみ、そのポケットにお金をおしこみ、むこうへおしやった。それを見た残りの学生は、争っても無駄だと悟り、かれの好きなようにさせるしかなかった。」（J・レー著『アダム・スミス伝』の引用から）

これが、「利己心」の哲学者アダム＝スミスの身の処し方であった。

トゥールーズ

カラス事件

スミスらは、二月一三日にパリについた。そこには、パリの大使館書記官としてきていた親友ヒュームが待っていた。しかし、パリには一〇日余り滞在しただけで、スミスらは、当時フランスを訪れるイギリス人が好んで行った南フランスのトゥールーズにむかった。

トゥールーズは、ラングドック州の州都で、当時のフランスではパリにつぐ大都市であり、王国第二の高等法院や一三世紀創設の古い大学やアカデミーがあった。しかし、産業はほとんどなく、スミスは、『国富論』のなかで、こうした高等法院所在都市の性格を商業都市ボルドーなどと比較して「下層階級の人びとは、裁判所や訴訟のためにでてくる人たちの支出する費用のおかげで主として生活しているから、一般に怠惰で貧乏である」と書いた。

スミスらは、トゥールーズにほぼ一年半滞在したが、はじめの数ヵ月は、知人も少なくことばも不自由で退屈を感じたらしく、ヒュームに「暇つぶしに本を書き始めました」と書き送っている。この本が『国富論』なのかどうかは、わからない。しかし、しだいに知人もふえ、モンペリエに州議会の見学にでかけるなど、スミスも公爵もフランスの生活を楽しめるようになった。スミスは、このフランス滞在中にえた豊かな見聞を、のちに『国富論』を書くとき、大いに利用したのである。そうした見聞のなかで、おそらくスミスの心にもっとも深い印象を残したのは、カラス事件という、宗教的偏見のからむ冤罪《えんざい》事件であった。トゥールーズは、かつて「異端の都」といわれたほど宗教的対立の激しい都市でもあった。一六八五年にナントの勅令が廃止されると、カトリック教徒による新教徒迫害が始まり、かつて二万人いた新教徒が、一八世紀の中葉には、人口五万のうち二〇〇人足らずになってしまった。事件の主人公ジャン＝カラスは、このわずかな新教徒のなかの一人だったのである。

ジャン＝カラスは、服地などを扱う商人であったが、長男のマルク＝アントワーヌは、商才がなく、弁護士になろうとしていた。そのためには、カトリック教徒であることを証明する教区教会の証明書が必要であった。当時のフランスの法律は、新教徒にもカトリックの洗礼を強制していたから、証明書は、発行してもらえるはずであった。ところが、牧師がかれに証明書を与えようとしているところを偶然一人の婦人が見ていて、かれが新教徒のカラスの息子であるといいたて、証明書の発行に反対したのである。こうして弁護士への道をたたれたマルク＝アントワーヌは、結局、自殺してしまった。六一年一〇月一三日の夜のことであったが、当時、自殺者は、さらし者にされた後でごみ棄て場にすてられ、その財産は没収されることになっていたから、父親は、自殺であることを極力かくそうとした。そのうちに、カトリックに改宗しようとした息子を新教徒の家族が殺したのだという噂がひろまり、その噂にもとづいて当夜カラス家にいた全員が逮捕され、最終的に父親のジャン=カラスに、息子殺しの罪で車責めのうえ死刑という判決が下されたのである。刑は、六二年三月一〇日に執行されたが、カラスは、最後まで無実を主張して死んでいった。

しかし、事件は、これで終わったわけではなかった。この事件のことを聞いたヴォルテールが、事件の背後に狂信と不寛容をみてとり、真相究明にのりだしたからである。ヴォルテールの精力的な再審請求運動は、功を奏し、スミスがトゥールーズにきて一年余りたった六五年三月九日に、カラスの無罪が確定し、名誉回復がなされたのである。

スミスは、『道徳感情の理論』の生前最後の版である第六版で、大量の増補を行ったが、そのなかの称賛と非難について論じたところで、耐えがたい不当な非難のもっとも残酷な例として、この事件をとりあげたのであった。

フランスの思想家たちとの交流

六五年八月末に、スミスらは、トゥールーズをでて、しばらく南仏旅行を楽しんだ後ジュネーヴに入り、そこに二ヵ月余り滞在した。スミスは、ルソーの故郷であり、ルソーが『人間不平等起源論』を献じたこの小さな共和国を見ておきたかったであろうし、そこには、スミスの才能を高く評価して自分の息子を遠くグラスゴーまで送った、ヴォルテールの友人テオドール＝トロンシャンがいた。トロンシャンは、さっそくスミスをヴォルテールに紹介したにちがいない。二ヵ月のあいだ、数回、スミスは、フェルネイにヴォルテールを訪ねて歓談したらしい。スミスは、ヴォルテールを生涯尊敬しつづけた。

スミスはまた、『箴言《しんげん》』で有名なロシュフーコーの孫娘で経済学者テュルゴと親しいダンヴィユ公爵夫人とその息子のロシュフーコーとも親しい交友関係をもった。スミスは、『道徳感情の理論』のなかで、『箴言』の著者を、悪徳と徳との区別をとりはずすようにみえる体系の主張者として、マンデヴィルと並べて批判していた。しかし、スミスは、第六版では、この青年貴族の願いを容れて、ロシュフーコーの名を削除した。この第六版は、フランス革命のさ中の九〇年にでたが、この青年貴族は、革命のなかで投石をうけて命をおとしてしまったのである。

スミスらがパリに移ったのは、おそらく、六六年の一月初めに、書記官の任務を終えたヒュームが、ルソーをつれて帰国した後であった。ルソーは、『エミール』のゆえに、パリでもジュネーヴでも逮捕状をだされていたうえに、ヴォルテールに捨て子事件があばかれて、だれからも孤立していたのであったが、ヒュームは、そんなルソーに、イギリスで安住の地を世話しようとしたのである。しかし、迫害と孤立のなかで猜疑心が強くなっていたルソーには、しだいにヒュームのすることが自分をおとしいれる罠のように見えてきて、結局、二人は、「裏切者」「悪魔」とののしりあうようになり、いわゆる「哲学者のスキャンダル」に終わったのであった。スミスは、パリから、激《げき》昂《こう》するヒュームをなぐさめ、諫める手紙を書いている。

さて、ヒュームは、パリをでるまえに、パリの社交界の人びとにスミスを紹介しておいてくれた。パリの社交界でのヒュームの信頼は絶対であったが、スミス自身も、マルク＝アントワーヌ＝エドウによる『道徳感情の理論』の最初のフランス語訳が六四年にパリで出版されていて、すでに名声は高かった。当時のフランス文化の中心は、上流名士のサロンや晩餐会であって、パリ滞在中の数ヵ月は、スミスが、一生のうちでもっとも多く社交界とかかわりをもった時期となった。スミスは、これらのサロンで、当時、『富の形成と分配にかんする省察』を書いていたテュルゴに会い、のちに『国富論』のフランス語訳を企てたアベ＝モルレに会った。

スミスが顔をだしたサロンのなかで、もっとも重要な意味をもったのは、フランソワ＝ケネーのサロンであった。近代外科医学の確立に重要な役割を果たしたケネーは、当時、国王の侍医として、ヴェルサイユ宮殿の中二階に住んでいた。そこが文人たちのサロンになっていたのである。ケネーは、すでに七二歳になっていたが、そのまわりには多くの弟子たちが集まってきて、フィジオクラットと呼ばれる学派を形成し、旺盛な文筆活動を展開していた。スミスは、弟子たちが師の学説を受容する姿勢に卑屈なものを感じて不快に思ったらしいが、『経済表』の著者ケネーを「ひじょうに独創的で学殖の深い著者」と呼び、『国富論』をケネーにささげようとしたほど尊敬しつづけた。スミスは、農業だけが生産的で商工業は不生産的だとするかれらの説には賛成できなかったが、しかし、かれらの主張は、スミス自身が、生産的労働と不生産的労働についての考察を深める刺激になった。また、『経済表』は、生産物がどのように諸階級のあいだに分配されて、次年度の生産の前提条件をつくりだすかという、再生産の視点を教えてくれたのである。

スミスの恋

パリ滞在中、スミスは、観劇や小旅行を楽しんだ。スミスは、フランス古典劇を高く評価しており、観劇の後には、女優から作家に転身したリコボーニ夫人などとよく議論をたたかわせたらしい。リコボーニ夫人の作品には、『ファニー＝バトラーの手紙』や『ジェニイ嬢物語』などがあるが、スミスは、かの女を、『道徳感情の理論』の第六版で、ラシーヌやヴォルテールやリチャードスンと並べて、「愛情と友情の、およびほかのすべての私的で家庭的な諸意向の、洗練と繊細とをもっともみごとに描く詩人たちおよび物語作家たち」のなかに入れているのである。かの女は、スミスに所望されたらしく、イギリスの俳優デイヴィッド＝ガリックへの紹介状を書いたが、そのなかに「この国（フランス）の文学者や哲学者はみんな悪魔がさらっていってもようございますが、スミス様はわたくしに返していただきとうございます」（J・レー著『アダム・スミス伝』）と書いた。

スミスの人間的魅力にひかれた女性は、リコボーニ夫人だけではなかった。スミスがバックルー公その他数人の友人たちと北フランスのアベヴィユに小旅行をしたときのことである。ホテルに滞在していたさる侯爵夫人が根気づよくスミスの気をひこうとしたが、スミスは、困惑をかくすことができなかった。それは、スミスが、そのとき同じホテルにいたあるイギリスの女性を深く愛していたためらしいのである。これは、スミスの三度目の恋だったというが、実らなかった。その頃、フランス在住の同郷人は、バックルー公宛の手紙でつぎのようにスミスに語りかけている。「グラスゴーの哲学者、インテリ女性の英雄であり、アイドルであるアダム＝スミス君よ、どうしていますか。あなたは、ダンヴィユ夫人やブフレー夫人をどのように御していますか。……それとも、あなたがあんなに愛したファイフの女《ひと》の、美しい面影にまだとらえられているのですか。」

ファイフは、スミスの故郷カーコールディのある州である。デューガルド＝ステュアートによれば、スミスは、若い時分にひじょうに美しい教養のある女性に数年にわたって思いをよせていたが、かれの求愛がどこまで受け容れられたか、また、どんな事情が二人を結びつける妨げとなったのか、わからないということである。この女性の名は、ジーンだったというが、「ファイフの女《ひと》」かどうかは、わからない。ステュアートは、さらに、この失恋のあと、スミスは「結婚の考えをいっさい放棄した」し、相手の女性も、一生「結婚せずにこの世を去った」と書いている。『学生および教授としてのアダム＝スミス』を書いたW・R・スコットは、のちにスミスがエディンバラでこの女性に会ったとき、従姉のダグラス嬢に「わからないの、アダム！　この女《ひと》は、あなたのジーンよ」と注意されるまで、かの女と気がつかなかったという話を伝えている。まことに、学者らしい話ではある。

『国富論』の生誕

悲しい帰国

パリ滞在も終わりに近くなった頃、スミスは、思わぬ苦労をすることになった。バックルー公とその弟ヒュー゠スコットの病気である。スコットは、トゥールーズでスミスらに合流し、以後行動を共にしていたのである。まず、一七六六年八月にバックルー公が病気になった。スミスは、ケネーに治療を頼み、つきっきりで看病した。その甲斐があって、まもなく公爵は回復したが、今度は、一〇月にスコットが病気になってしまったのである。スコットの病状は悪く、ケネーやイギリス大使館付医師リチャード゠ジャムの医療努力のうえに、スミスは、ジュネーヴの名医トロンシャンの応援を頼んだ。しかし、そうした努力もむなしく、スコットは、一〇月一九日に天折してしまったのである。これまでのスミスの伝記では、当時の誤報にもとづいて、スコットの死は暗殺によるとされてきたが、最近完結した『スミス全集』に発表されたスミスの手紙で、それは、病死であることが判明した。スミスらの一行は、ヒュー゠スコットの遺体をともなって、六六年一一月一日にロンドンに到着した。それは、悲しい帰国であったけれども、スミスの家庭教師としての仕事は、そこで終わったのである。師弟の友情が、スミスの死にいたるまでつづいたことは、いうまでもない。

激動の時代に

スミスが帰国したとき、イギリスは、激動の時代に入りつつあった。産業革命の胎動が始まり、重商主義体制のゆきづまりが決定的な段階に達していたのである。産業革命で主導的な役割を果たしたのは繊維産業であったが、一七六五年にはハーグリーヴズのジェニー紡績機が、六七年にはアークライトの水力紡績機が発明された。もっとも、これらが実際に産業に使用されて広範囲に変革をひき起こすのは、スミスの『国富論』の刊行（一七七六）以後のことであった。しばしば、スミスは機械の社会的な役割や作用を把握できなかったといわれるが、それは、スミスが『国富論』を書いていたとき、産業革命が、いまだ胎動にすぎなかったためであろう。

他方、重商主義体制のゆきづまりは、深刻な財政問題としてあらわれていた。七年戦争で、イギリスは、アメリカ植民地とインドでの支配権を確立したが、これまでの戦費と広大になった植民地支配の費用に苦しむようになったのである。スミスが『国富論』であげている六四年の政府負債額は、一億三九五六万一八〇七ポンド二シリング四ペンス。一般的な消費品目に五パーセントの追加従価税がかぶせられ、土地所有者の負担も、地租が地代収入の二〇パーセントに達して、国民の税負担は限度に達したと考えられていた。そこで政府が目をつけたのが、アメリカ植民地への課税であった。植民地の人びとにさまざまな負担がかけられたが、とりわけ激しい怒りを呼び起こしたのは、大学の卒業証書にまで二ポンドの税をかける印紙条令であった。かれらは、「代表なくして課税なし」のスローガンのもとに結集し、強力な反対運動を展開して、イギリス政府に条令を撤回させることに成功したのである。スミスがまだパリにいた、六六年三月のことであった。

植民地の人びとのスローガンが「代表なくして課税なし」だから、かれらに本国議会への代表選出権を認めればよさそうに思われるけれども、そうすることは、本国でも参政権が少数者に限られていた当時のイギリスでは、動き始めていた議会改革論者を勇気づけ、イギリスに革命の危険をもたらすと考えられていたのである。代表選出権を与えずに税金だけを負担させる方法が強引にさぐられていくことになるが、その任務を与えられたのが、大蔵大臣チャールズ＝タウンゼンドであった。タウンゼンドは、国内では地租を若干下げて土地所有者の歓心を買い、航海法の厳格な施行で関税の増収をはかり、タウンゼンド法を制定して、植民地が輸入する物品に輸入税をかけ、それを、総督の給与などの植民地経営の費用にあてようとした。これは、要するに、イギリスの議会が課税し、取り上げた金で、総督その他を、植民地代議会から独立させて本国の支配下におこうとするもので、植民地の人びとの猛烈な憤激をひき起こした。タウンゼンドは、六七年の秋に急逝するが、植民地の反英運動はそれで止むことなく、独立の方向に歩みだしたのである。

タウンゼンドが植民地問題でスミスの意見をきいた形跡はないが、国務大臣のシェルバーンは、スミスに、ローマの植民地行政について調べてくれるよう依頼している。このシェルバーン卿こそ、やがて首相となり、アメリカの独立を承認した人なのである。スミスは、アメリカ植民地問題を、当時のもっとも重要な政治問題と考えており、『国富論』で「事態がこのようになっても、わが植民地は武力で容易に抑えられると内心思っている人は、よほどの低能である」と書き、最後で、植民地に代表選出権を認めて合邦するか、切り離して独立を認めるか、いまやその決断のときであると、政策の根本的転換を為政者に迫ったのである。

スミスは、帰国後半年ばかりロンドンにとどまり、『道徳感情の理論』第三版の校正を行い、『国富論』執筆に必要な文献を蒐集した。そして、六七年五月三日にバックルー公が結婚すると、ほどなくスミスは、スコットランドに帰ったらしく、六月七日にカーコールディからヒュームに、自分はほぼ一ヵ月仕事に没頭しているという手紙を書いている。いよいよスミスは、『国富論』の執筆に本格的にとりくみ始めたのである。

『国富論』の執筆

「ここでのわたくしの仕事は、研究です。それに、わたくしは、ここひと月ばかり完全に没頭してきました。わたくしの娯楽は、海にそって一人で遠くまで散歩することです。……わたくしは、ひじょうな幸福と快適と満足を感じています。わたくしの生涯でこれほどのことは、いまだかつてありませんでした。……」

これは、さきのヒューム宛の手紙の一節だが、スミスは、これから約六年間カーコールディにこもり、『国富論』のための研究に没頭するのである。チャタム内閣のコンウェイ将軍のもとで政務次官をしていたヒュームは、将軍が辞任したために職を失って六九年八月にエディンバラに戻ってきて、さっそくスミスに会いたいと書き送ったが、このヒュームの希望はかなえられなかった。翌七〇年の初めに、ヒュームは、スミスが完成した原稿をもって近く出版のためにロンドンに向かうだろうという噂を耳にして「君はロンドンへの途中ここに一日か二日しか滞在しないつもりだそうですが、一体どういうことですか」と書いたが、スミスのロンドン行きは噂だけに終わった。それから二年余りたった七二年九月五日のW・パルトニー宛の手紙は、スミスが過度の勉強で健康をそこねたことを語っている。

旧居跡近くのアダム＝スミス小路　スミスは，『国富論』執筆に疲れると，この小路を通ってよく海岸を散歩したという。

「……わたくしの本は、この冬の初めまでに印刷にまわせるはずでしたが、一部は、娯楽もなく一つのことに思考を集中しすぎることからくる健康の悪化のために、一部は、さきに述べました余計な仕事のために妨げられましたので、刊行を数ヵ月延期しなければならなくなりました。」

余計な仕事とは、この年に起こった激しい商業恐慌のために教え子のバックルー公が大株主であったエア銀行が倒産し、スミスが、親身になって公の相談にのったことをさす。この銀行は、無限責任制をとっていたから、バックルー公の苦境がたいへんなものであったからである。しかし、スミスは、この銀行の破産の問題を自分の経済学の問題としても、自覚的に調査し、考察していたのである。また、国会議員のパルトニーは、スミスを、東インド会社の、当時設置が考えられていた特別監督委員会の委員に推薦したらしい。七年戦争の結果、東インド会社は、インドの大部分の政治的支配者となったが、この富と権力の急激な増大は、社員の腐敗を生み、会社を窮境に追いこんでいた。この窮境を打開するために前記の委員会の設置が検討されていたのである。さきのパルトニー宛の手紙は、推薦してくれたことにたいする礼状であるが、しかし、この話は、実現しなかった。実現していたら、『国富論』は、日の目を見なかったかもしれない。

以上のような雑音はあったけれども、スミスは、著述に全精力をそそいだ。スミスには、立ったまま文章を考え、それを筆記者に口述するくせがあったらしい。そのばあい、暖炉の火を背に立ち、考えるときには、無意識にマントルピースのうえの壁に頭をこすりつけるようにふったので、そこに跡がついたという。また、ある日曜日の朝、部屋着のまま庭を歩きながら考えごとをしていたスミスは、そのまま大通りにでて歩きつづけ、一五マイルも離れたダンファームリンまできたとき、聞きなれない教会の鐘の音でようやくわれに帰ったということもあった。そんなスミスに、ヒュームは、気晴しにエディンバラにでてくるようにと手紙を書いたが、ようやく二人が会うことができたのは、七三年の四月の中頃であった。

ロンドンでの三年間

この年の春になって、ほぼ仕事ができあがったと感じたスミスは、ハミルトン公の家庭教師の話があったのをきっかけに、ロンドンにでる決心をし、エディンバラに立ち寄ってヒュームを訪ねたのである。そのとき、スミスは、『国富論』に身も心もささげつくして、自分でも急死を心配するほど衰弱しきっていた。そこでスミスは、ロンドンに旅立つにあたって、ヒュームに遺稿の処分を依頼したのだった。

ロンドンに、スミスは、三年間滞在することになった。ハミルトン公の家庭教師の件は、スミスのためにより有利な地位を考えていたらしいバックルー公の反対で実現しなかったが、『国富論』の最後の仕上げに予想以上の時間がかかったのである。あらゆる情報が集中していたロンドンで、スミスは、全体にわたって、もう一度ねりなおしたのであろう。一章できあがるごとに、フランクリンやプライス博士などのところへもって行き、かれらの意見をきいて書き改めたという話が伝えられている。

しかし、ロンドンでは、仕事がほぼできあがっていて気持ちに余裕ができたのであろう。スミスは、スコットランド出身者のたまり場になっていたコックスパー街のブリティッシュ＝コーヒー＝ハウスにときどき顔をだして交友を楽しんでいる。また、六七年に会員に選ばれていた王立学会に正式に入会し、ジョンスンの文学クラブにも入会した。ジョンスンは、オクスフォードのジャコバイトのような反動ではなかったが、スコットランド嫌いの保守主義者で、スコットランドの自由主義者スミスとの不和が伝えられている。しかし、二人は、お互いに相手の学識の深さは認めあい、それには敬意を表していたようである。

七六年二月八日、ヒュームは、「だれから聞いても、君の本は、ずっと以前に印刷されたということですが、いまだに広告すらされていませんね。理由は、何ですか。もし君がアメリカの運命が決まるのを待っているのだとしたら、君はずいぶん待つことになるかもしれませんよ」とスミスに書き送った。それからちょうど一ヵ月たった三月九日に、ついに『国富論』は、ロンドンのストラーン＝カデル書店から出版されたのであった。アメリカ独立宣言が発表されたのは、それから約四ヵ月後の七月四日のことであった。アメリカ独立宣言は、スミスが『国富論』のなかで批判した重商主義体制が音をたててくずれ始めたことを意味していたのである。

広く読まれた『国富論』

『国富論』の出版をだれよりも喜んだのはヒュームであった。四月一日付の手紙で、ヒュームは、つぎのように喜びを伝えた。

「よくやった、すばらしい、親愛なるスミス君よ！ぼくは、君の仕事のできばえにおおいに満足しています。……これを読むには、当然、ひじょうな注意力が必要ですし、世界の人びとはそんなことに注意力を払う気になりませんから、ぼくは、初めにひじょうに人気があるということについては、しばらくのあいだ……疑うことにしましょう。しかし、この本は、深遠で堅固で鋭利であり、好奇心をそそる事実をもって豊かに例証されているので、ついには世の人びとの注意をひくにちがいありません。」

ヒュームのほかにも、ヒュー＝ブレア、ジョーゼフ＝ブラック、ウィリアム＝ロバートスン、アダム＝ファーガスン、エドワード＝ギボンなどの友人たちが、この本を賞讃する手紙をよせた。しかし、雑誌などで書評の形でとりあげられた例はあまり多くなかった。「ジェントルマンズ－マガジン」は完全に無視したし、「アニュアル－レジスター」は二ページをさいただけだったという。そのほかに、七六年に『国富論』をとりあげたのは、杉山忠平教授の研究によれば、「ロンドン－レヴュー」、「ロンドン－マガジン」、「マンスリー－レヴュー」、「クリティカル－レヴュー」で、いずれも無署名で、内容紹介が大部分であった。こうした論壇の地味な取り上げ方のうえに、当時の労働者の一ヵ月分の賃金をこえる一ポンド一六シリングという高い、しかも読むのに骨の折れる本がどれだけ売れるかは、友人たちが一様に心配したところであった。しかし、意外に売れ行きはよく、初版が何部印刷されたかは不明であるが、ほとんど半年で売れてしまった。二年後には第二版がだされ、生前五版をかさねたうえ、すぐにドイツ、フランス、デンマークなどで翻訳されて、国際的にも広がったのである。

『国富論』が、論壇ではでな取り上げ方をされなかったにもかかわらず、大地に水がしみこむように人びとに広く読まれるようになったのは、この本が、時代の問題をもっとも深いところでとらえて解決の方向を示していたこと、そしてそれが、個人の解放という当時の人びとの、いわば時代の精神にそっていたためであろう。これは、たんなる経済学の専門書ではない。「アダム＝スミスは、学問の広い領域を無視することなく、限定された問題に心を集中した人のように書いている。……政治経済学が、抽象的な学説の孤立的な研究ではなくて、最初から最後まで、人類についての研究の一部門として、かれらの生活様式や慣習の批判、国民の歴史、行政、法の批判として取り扱われている。」（F・W・ハースト著『アダム・スミス』）

晩年の日々

ヒュームの死

『国富論』が刊行されてひと月ほどたった四月のある日、スミスのもとにとどいたブラックからの手紙は、ヒュームが危険な状態にあることを知らせていた。八〇歳をすぎた母のことも気になったスミスは、さっそく劇作家のジョン＝ヒュームとともにスコットランドに向かった。かれらが、ニューカースルをこえてモーペスの町まできたとき、思いがけなくロンドンをめざすヒュームの一行に会った。ヒュームは、友人の医学者サー＝ジョン＝プリングルに診てもらうためにエディンバラをでてきたのだった。二人は、再会を喜んだが、すぐに別れることになった。ジョン＝ヒュームは、哲学者のヒュームについてロンドンに向かったが、母のことが気になるスミスは、カーコールディへの旅をつづけることにした。

母の元気な顔を見て安心したスミスは、カーコールディで数ヵ月をすごした。ヒュームは、七月三日にエディンバラに帰ってきた。そのとき、スミスは、エディンバラにいてヒュームに会ったが、病状はいっそうわるくなっていた。プリングルが指示したバースでの鉱泉療法も効果がなかったのである。ヒュームは、八月二五日に死んだ。大腸と肝臓の癌であった。遺体は、カールトン

ヒュームの墓
左の円塔。

クラッグズの新しい墓地に埋葬され、まもなくヒューム自身が定めておいたところにしたがって、ロバート＝アダムの設計による円塔がその上に建てられた。スミスは、この円塔が気にいらず、それについて「友人ヒュームのなかにこれまでに見た最大の虚栄心」といったという。ヒュームが遺稿類の管理をスミスに託したことは、すでに述べた。

几帳面な税関委員

スミスは、翌一七七七年一月に、おもに『国富論』の再版の準備のためにロンドンに行き、約一〇ヵ月滞在して帰り、模倣芸術にかんする論文を書いた。この論文は、若いときに書いたものにこのとき手を入れたのだともいわれているが、ブラックとハットンが編集して一七九五年に出版したスミスの遺稿集『哲学論集』に「天文学史」などとともに収録されている。

この論文を書いているときに、スミスは、自分がスコットランド税関委員に任命されたという朗報を受けとった。これは、ひじょうに収入の多い地位で、当時のトーリー党の首相で蔵相でもあったノース卿が予算案を作成するにあたってスミスの著書から多くを学ぶことができたので、感謝の意味でスミスをその地位に任命したのだといわれているが、バックルー公の尽力も大きかったらしい。税関委員は、塩税委員を兼務したから、この官職は、税関委員として五〇〇ポンド、塩税委員として一〇〇ポンド、計六〇〇ポンドの収入をスミスにもたらすことになったのである。スミスは、バックルー公からの三〇〇ポンドの年金を辞退しようとしたが、公は、その申し出を認めなかった。こうしてスミスは、年九〇〇ポンドという、大学教授の年収の三倍以上、スコットランド最高の民事裁判所であった民事控訴院判事よりも二〇〇ポンドも多く、ジョン＝レーの表現によれば、王侯のような収入を享受することになったのである。

スミスは、七八年二月二日に辞令を受けとるとエディンバラの上流階級の居住地域であったキャノンゲイトに家を借りた。この家は、もとパンミュア家の住いだったので、パンミュア館と呼ばれていた。母と従姉のジャネット＝ダグラスと、かの女の兄の子で六九年生まれのデイヴィッド＝ダグラス少年とが、スミスの家族であった。この少年は、のちのレストン卿で、スミスの相続人となる人だが、スミスは、やがてこの少年を自分の愛弟子ジョン＝ミラーの許に送ることになる。エディンバラを訪れた有名人は、たいていパンミュア館でごちそうになったが、スミスの家は、簡素で気どりの

エディンバラのハイ－ストリート

ないもてなしで有名だったという。

　税関の仕事は、単純なものが多かったが、月曜から木曜まで毎日委員会が開かれた。委員会は、年一八〇回前後あったが、スミスは、就任から四年間一度も欠席せず、四年目にはじめて四ヵ月の休暇をとった。『国富論』第三版刊行準備のためで、スミスは、この版で大幅な増補と改訂を行ったのである。第三版は、八四年に出版された。四ヵ月の休暇が終わると再び几帳面に出席し、著しく健康を害した八七年まで二四回しか欠席しなかった。そのうち六回は母が亡くなったときであったというから、それを別とすれば、年一八〇回前後の会議のうち欠席は三回か四回ということになる。当然、「仕事は、欠席によって面倒な仕事をさけなかったスミスのような少数の委員に重くのしかかった」（R・H・キャンベル、A・S・スキナー共著『アダム・スミス伝』）のである。

　こうしたスミスの精勤ぶりは、税関の仕事が経済学の研究に役立つと考えたためでもあろうが、それよりも、スミスの職業倫理によると考えたほうがいいだろう。ときには失敗もあった。例の放心癖がでたのである。ある日、公文書に署名するとき、スミスは、自分の名前を書かないで、かれのまえに署名した税関委員の名前をまねて書いてしまった。また、あるとき、税関の門のところで、門番が儀仗をささげてスミスに敬礼すると、スミスもステッキをささげてきわめて厳粛に答礼した。当惑した門番が儀仗を倒して右むけ右をし、スミスが通れるように一歩さがって、服従のしるしに儀仗を低くさげると、スミスは、そっくりその動作をまねた。門番は、ますます困惑したが、捧げ銃をして会議場に通じる階段をのぼると、スミスもステッキをささげてかれにつづき、会議場に入るまで自分の奇行に気づかなかったという。

オイスター‐クラブ

「母と友人と本――これらがスミスの三つの大きな喜びであった」とJ・レーは書いている。その母は、『国富論』第三版のでた八四年の五月二三日に九〇歳でこの世を去った。スミスの嘆きは大きく、急に年をとったという。

スミスは、エディンバラに移り住んでまもなく、親友のブラックとハットンといっしょに、週一回金曜日にグラスマーケットの居酒屋で昼食を共にするオイスター‐クラブをつくった。すでに書いたように、ブラックは、潜熱の発見者であったが、ジェイムズ＝ハットンは、近代地質学の創設者であると同時に、スコットランドではじめて馬二頭だての犂を使用した農業改良家でもあった。クラブの常連には、小説家のヘンリー＝マッケンジー、デューガルド＝ステュアート、数学者のジョン＝プレイフェア、ロバート＝アダムなどがいた。オイスター‐クラブの名称が何を意味するのかは、わからない。美食を意味するにしては、「ハットンは禁酒家、ブラックは菜食家、スミスは砂糖のかたまりが大好物だった」（水田洋著『自由主義の夜明け』）というのだから、妙である。

スミスは、八七年の初めから七月の末まで、五年ぶりに長期の休暇をとり、四月に最後のロンドン訪問を行った。健康を害したため、友人の医師ジョン＝ハンターの診察をうけるためであった。

このとき、衰弱して骨と皮ばかりになったスミスは、出発にあたって、ブラックとハットンを草稿類の遺言執行人に指名し、それらの大部分の焼却を依頼したのであった。

スミスの病気は、膀胱炎と痔疾であった。ハンターの手術でかなりよくなり、六月には、文学クラブの晩餐会に出席できるほどになった。今度のロンドン訪問では、スミスは、ピットの閣僚でスコットランド担当相のヘンリー゠ダンダスの邸で世話をうけていたが、二八歳の青年首相ピットと会ったときの有名な話は、このダンダス邸でのことであった。このとき、アディントン、ウィルバーフォース、グレンヴィルなどの政治家が同席していたが、スミスが部屋に入ると、全員が起立してかれを迎え、「みなさん、どうぞおすわりください」とスミスがいうと、ピットが「いいえ、わたくしどもはみな先生の門弟ですから、先生がおすわりになるまで立っております」とこたえたというのである。

エディンバラに帰ると、スミスは、間もなくグラスゴー大学の総長に選挙された。この職は、まえに述べたようにすでに名誉職になっていたが、スミスは、アーチボルド゠デイヴィッドスン学長に感謝の気持ちのこもった承諾の手紙を書き、そのなかで、自分を教育してくれ、オクスフォードに留学させてくれ、そして「あの決して忘れえぬハチスン博士」がかつてもっていた地位に自分をつけてくれたグラスゴー大学にたいして、どんなに恩義を感じているかを披瀝したのであった。

さきのダンダス邸でのエピソードが示すように、スミスは、『国富論』を通じて当時の政治家たちに一定の影響を与えていた。しかし、それだけではなく、スミスは、当時の主要な政治問題にかかわった有名な政治家たちと親しい交友関係をもっていたのである。にもかかわらず、具体的な政治問題にかんするスミスの直接的発言の記録はとぼしく、スミスの政治的立場を確定することは容易ではない。しかし、手がかりがまったくないわけではない。それらの手がかりをもとに、当時の主要な政治問題についてのスミスの考えをさぐり、スミスの政治的立場を考えてみることにしよう。

植民地問題をめぐって

一八世紀中葉の最大の政治問題は、アメリカ、アイルランド、インドなどの植民地問題であった。植民地問題は、戦争と平和の問題でもあり、財政と税負担の問題でもあった。スミスが、『国富論』の最後で、平和と負担軽減の立場から、アメリカ植民地の人びとに本国議会への選挙権を与えて合邦するか、分離独立を認めるか、いまや決断のときであると政治家たちに迫っていることは、すでに述べた。参政権を与えて合邦することには反対が多く、まったく不可能ではないにしてもユートピアとスミスは書いた。しかし、それができなければ分離独立しか道がないと考えたのである。アイルランド問題についてのスミスの立場は、スコットランドと同様の合邦であった。スミスは、スコットランドとイングランドの合邦の最大の利点を、中流と下層の人びとを貴族制から解放したことと貿易の自由にみており、アイルランドのばあいも、合邦によって同様の効果が期待で

ウィリアム＝ピット　ナショナル－ポートレイト－ギャラリー所蔵

きると考えていたのである。アイルランドとの合邦は、一八〇一年に実現したが、イギリス資本主義の発達の度合いは九〇年余り前のスコットランドの合邦のときとは比較にならず、これは、詩人バイロンが評したように、「鮫と獲物の合同」（一八一二年四月二一日の議会での発言）にしかならなかった。インドにかんしては、スミスは、『国富論』の第三版で行った増補部分で、東インド会社を歴史的に検討し、そのインド統治の不適当性を論証した。また、八三年に、東インド会社にたいする議会の監督権を強化するチャールズ＝ジェイムズ＝フォックスの法案が庶民院を通過したとき、ウェダバーンの政治的盟友ウィリアム＝イーデンに、法案の通過を喜ぶ手紙を書いた。しかし、この法案は、ピットらの反対で貴族院を通過せず、翌年、会社にたいする、議会の監督権ではなく、国王の監督権を強化するピットの法案が成立したのだった。

国内問題をめぐって

国内問題では、財政問題と関連して議会改革が大きな問題となりつつあった。一七七〇年代の終わりから八〇年代の中葉にかけて、ヨークシャーの自由土地保有者を中心に、最初の組織的な議会改革運動が全国的に展開されるのである。運動の要求内容は、参政権の拡大、腐敗選挙区の廃止と選挙区の平等化、議員任期の短縮などの議会改革と財政改革であった。財政改革は、閑職などを廃止して「安価な政府」をめざすものであったが、同時に、議員買収財源になっていた宮廷費にたいする議会の監督権を強化することで、王権をチェックしようとするものでもあった。スミスは、これらの問題をどのように見ていただろうか。

ジョージ三世が即位したとき、大学の依頼で起草した祝辞のなかで、国民の権利と自由を大事にすることを説いたスミスは、その後の、王権の強化をはかろうとするジョージ三世を苦々しい思いで見ていたにちがいないし、財政改革の要求には同感しえたであろう。スミスは、バークと親しかったこともあって、しばしば、ウィッグ党ロッキンガム派と考えられてきた。バークを理論的代表者とするロッキンガム派主流は、問題を財政改革に限定して議会改革には反対した。その対極に、成年男子普通選挙権を主張するジョン＝カートライトのウェストミンスター委員会があり、同じロッキンガム派でも、フォックスはこれに属していた。そのあいだに、漸次的な参政権拡大を主張するクリストファ＝ワイヴィルのヨークシャー委員会の運動があった。議会改革にかんするスミスの直接の発言は見あたらないが、六二～六三年の『法学講義ノート』では、国民の自由の保証として、裁判官の国王からの独立、庶民院が国王の大臣にたいして失政弾劾権をもつこと、人身保護法、そして選挙が頻繁であることと選挙の方法ということをあげているのである。当時七年であった議員の任期を一年か三年に短縮して頻繁に選挙を行い、議会に民意を反映しやすくせよ、というのは、議会改革の要求の一つなのであった。また、選挙の方法については、選挙権の財産資格制限が年収六〇〇ポンド（四〇〇スコットランド－ポンド）以上と高く、選挙が少数の貴族に左右されていたスコットランドの選挙制度と比較して、年収四〇シリング以上の自由土地保有者のすべてに選挙権を与えていたイングランドの選挙制度を、より民主的で国民の自由にたいするイングランド特有の保証になっていると主張しているのである。こうみてくると、スミスが議会改革にまったく反対だったとは考えられない。

もちろん、スミスは、犠牲を伴うような急激な改革は、これを望まなかった。このことは、『道徳感情の理論』の第六版で、おそらくフランス革命を念頭におきつつ、どんなに理想的な政策や法でも、あらゆる反対を押し切って一挙に遂行しようとすることは、傲慢にほかならないと批判していることからもあきらかである。そこでスミスは、国民の慣習や偏見を考慮して国民が耐えうる最善の法を樹立することを主張していたのである。スミスの政治的立場は、現状保守ではなく、漸進的改革であって、ワイヴィルやそれを支持したシェルバーンに比較的近かったのではないだろうか。

「老年の怠惰」

「わたくしは、他に二つの大作を準備中です。一つは、あらゆる部門の文学、哲学、詩および修辞法の一種の学問史であり、他は、法と統治についての一種の理論と歴史です。両方とも、資料は大部分集められており、いずれもその一部分は、かなりよく整理されております。しかし、老年の怠惰――わたくしは、それと激しく闘っているのですが――がわたくしにもさし迫っておりますので、いずれか一つでも完成することができますかどうかは、きわめて不確かです。」

一七八五年一一月一日、スミスは、ロシュフーコーへの手紙にこのように書いた。しかし、税関委員の仕事をおろそかにすることは、スミスの職業倫理が許さなかったし、まもなく健康を害して、体力がめっきりおとろえたために、スミスは、以上の学問的野心のいずれをも果たすことができなかった。スミスの最後の学問的努力は、長年心に抱きつづけてきた『道徳感情の理論』の大改訂・増補にそそがれた。作業は、八八年の春に四ヵ月の休暇をとって始められたが、翌八九年の夏が終わるまで、約一年半かけて行われたようである。この第六版は、九〇年に刊行されたが、スミスの生前最後の版となった。

スミスは、晩年の日々を、健康の許すかぎり税関委員会に出席しつつ、『道徳感情の理論』の改訂と増補に最後の努力をかたむけたが、交友にも心を配った。週一回のオイスター―クラブはまだつづいていたし、日曜日の夜にはスミスの家で晩餐会が開かれ、仲間たちが集まってきた。ときど

キャノンゲイトの教会　スミスの墓がある。

き、エディンバラの学士院の会合にもでかけていった。スミスは、散歩や外出には、よく椅子駕籠《セダン－チエア》を使用したらしい。しかし、スミスの健康は、日に日におとろえつつあった。『道徳感情の理論』の第六版は五月の下旬にでたが、六月に入ると、スミスの容態は、悪化し、友人たちの目にも絶望的に見えるようになった。

死期が迫っていることを感じたスミスは、友人のブラックとハットンに遺稿の管理を頼み、公表に価する若干のものを除いて、すべて焼却してほしいと指示した。このとき、スミスが公表に価すると認めたものは、のちにブラックとハットンの手で『哲学論集』として刊行された。焼却された原稿は一六冊あったというが、原稿が焼却されると、スミスは、安心したらしい。その日は、ちょうど日曜日で、夕方になると、いつものように友人たちが夕食に集まってきた。スミスは、友人たちを迎えて陽気さを取り戻し、いつまでもいっしょに起きていたかったが、友人たちは、そうはさせなかった。九時半頃、スミスは、寝室に退いたが、部屋をでるとき、つぎのように言った。「皆さん、わたくしは、皆さんといっしょにいたいのですが、もうお別れしてあの世に行かなければなりませんね」と。スミスは、つぎの日曜日がめぐってくるまえの、九〇年七月一七日の土曜日にあの世へと旅立ったのである。かれは、パンミュア館に近いキャノンゲイトの教会墓地に葬られた。

スミスは、生前ひそかに多額の金を慈善に使っていたらしく、王侯のような年収をえていたにしては、残した財産はつつましいものであったという。しかし、晩年のスミスの楽しみの一つであった本の方は、千数百タイトル、数千冊に及んだ。その一部が東京大学の経済学部に所蔵されている。最後に、この蔵書の運命について書いておこう。

この蔵書は、のちのレストン卿デイヴィッド＝ダグラスが相続したが、卿はこれを二人の娘に残した。その一人、バナマン夫人が相続した分は、その息子によってエディンバラ大学に寄贈された。もう一人の娘カニンガム夫人の分は、大部分が売却されたが、一部は、ベルファストのクイーンズ-コリッジの教授をしていた息子R・O・カニンガム教授の手にわたった。教授は、一部をこのコリッジに寄贈したが、教授の死後、残りが売りにだされた。一九一八年、東京帝国大学教授、新渡戸稲造がロンドンで購入して同大学に寄贈したのは、この残りの部分だったのである。これらの本は、関東大震災の猛火のなかから、勇敢な用務員らの手で救いだされ、第二次世界大戦中は疎開させられて、生きのびてきたのである。

II　スミスの思想と学問

人間の把握

人間と社会への深い洞察　およそ社会思想史上の古典といわれるものは、時代の問題との格闘のなかで生みだされたものである。時代の問題をどれだけ根源的かつ体系的にとらえて、解決の基本方向を示しえたかが、ある書物が古典として残るかどうかを決める。「根源的かつ体系的」とは、人間と社会への深い洞察にもとづいて時代の問題を考察するということであり、そのことによって古典は、時代をこえて人びとの心に語りかけてくるのである。スミスが残した二冊の本も、そうした古典である。わたくしは、スミスの思想と学問への旅を、スミスが人間をどうとらえていたかをみることから始めたいと思う。

利己的存在である人間　スミスは、『道徳感情の理論』の第二版に増補した部分で、人間の自愛心の強さを、こんなふうに説明している。遠くはなれた大清帝国で大地震が起こり、多数の死者がでたとしたら、人びとは、かれらの悲運に哀悼の意を表明するだろうけれども、それよりも、もし自分の小指が明日切られるかもしれないとしたら、そのことのほうが心配で、今夜は眠れないにちがいないと。このようにスミスは、人間を、何よりもまず自分のことを考えるものだという意味で、利己的な存在ととらえるのである。しかし、スミスは、『道徳感情の理論』をつぎのように書きだしている。

「人間がどんなに利己的なものと想定されうるとしても、あきらかにかれの本性のなかにはいくつかの原理があって、それらは、かれに他人の運不運に関心をもたせ、かれらの幸福を、それを見る喜びのほかには何も、かれはそれからひきださないのに、かれにとって必要なものたらしめるのである。この種類に属するものは、哀れみまたは同情であって、これは、われわれが他の人びとの悲惨を見たり、あるいはひじょうに生々しくそれを考えさせられるかするときに、それにたいして感じる情動である。われわれがしばしば他の人びとの悲しみから悲しみをひきだすことは、あまりにも明白な事実であって、それを証明するどんな例も必要としない。というのは、この感情は、人間本性の他のすべての本源的情念と同様に、決して有徳で人道的な人にかぎられているのではなく、……最大の悪人……でさえも、まったくもたないことはない。」つまり、人間は利己的ではあるけれども、他人の幸不幸に関心をもたせるものを本源的にもっており、他人の幸福を必要なものたらしめる、というのである。

道徳哲学の二つの流れ

こうしたスミスの人間のとらえ方は、一八世紀前半の道徳哲学の二つの流れをスミスがふまえていたことを物語っている。一つは、ホッブズ→ロック→マンデヴィル→ヒュームという流れで、利己心を中心に人間をとらえるものであった。もう一つは、ロックの弟子の第三代シャフツベリ伯からスミスの先生であったフランシス＝ハチスンへの流れで、利他心を中心に人間をとらえるものであった。いずれも、現世における人間の幸福の実現ということを中心に、ものごとを経験的に考えようとする点では、共通の土俵に立つものではあった。

しかし、一八世紀の入口に立っていたロックは、人間の道徳の究極の基準を、経験的に検証しえない神の法に求めていたし、人間の社会形成の原理も、同様に経験的に検証しえない契約に求めていた。この限界をのりこえようとしたのが、第三代シャフツベリ伯であった。シャフツベリは、人間には、外的刺激に反応する外的感覚のほかに、美醜や善悪を志向する道徳感覚がそなわっており、この感覚にもとづく利他的感情によって、人間はおのずから社会をつくるとして、人間の道徳を神から切りはなし、社会契約という理論的虚構をしりぞけたのであった。このシャフツベリの考えは、理性に裏打ちされた感情の役割を重視する点で、理性中心に人間をとらえるロックよりも、経験的な、より具体的な人間把握への一歩前進であったが、生得的な道徳感覚を認めた点で問題を残すものであった。

このシャフツベリの美しい人間観を批判したのが、オランダ生まれの医者バーナード＝マンデヴィルであった。マンデヴィルは、人間を多様な情念の複合体ととらえ、並はずれて利己的な存在ととらえた。そして、それら多様な情念や欲望は、商工業の繁栄にとって必要なものであり、欲望の多様性とそれらを満たそうとするばあいに出会う障害とが、人間を社会的にするというのである。しかし、マンデヴィルにとって、徳とは私的欲望を克服して公共の福祉をめざすことであったから、私的利益の追求は、社会的には必要だけれども、道徳的には悪なのであった。ここに、マンデヴィルの主著『蜂の寓話』の副題である「私悪は公益」という有名なことばがでてくるのだが、しかし、私悪が公益となるためには、為政者の巧みな管理が必要なのであった。マンデヴィルによれば、利他的と見える行為は、一般にその底に利己的情念を秘めており、偽善にすぎないのである。

フランシス＝ハチスン

実は、シャフツベリも、現実には、大部分の人びとが利己的感情にもとづいて行動していたことを認めており、公共の利益を的確に判断して利他的感情にかられて行為しうる者は、少数の知識人貴族にすぎないとする貴族主義におちいっていたのである。このシャフツベリの道徳感覚の立場を継承し、道徳感覚は教養や教育なしにも働きうるとして、シャフツベリを民主化したのがハチスンだといわれる。ハチスンによれば、善とは道徳感覚に快を与えるものであり、それは、利他心にもとづく行為にほかならない。最高の善は、「最大多数の最大幸福」を生みだすような行為なのである。このことばは、ふつうはベンサムのものとされているが、すでにハチスンが『美と徳の観念の起源』(一七二五)のなかで使用していたのである。しかし、最高善に至る利他的行為をなすには、秩序の全体を見通すことが必要であって、それができるのは、結局は少数者にすぎない。こうしてハチスンも貴族主義を脱却しえてはいないのだが、しかしハチスンは、だれでも利他心のほかに利己心をもっているとして、経済活動における利己心の役割を積極的に評価する。ただしハチスンのばあい、利己心にもとづく行為は、理性の示すところにしたがって、公共の利益と調和するようにしなければならないのであって、こうした判断をなしうる者は、これまた少数にすぎないのである。

シャフツベリやハチスンの、以上のような考え方は、道徳感覚学派と呼ばれているが、スミスは、この学派のいう生得的な道徳感覚を認めない。他方、スミスは、マンデヴィルのような考え方を、徳と悪徳の区別をなくすもの、と批判するのである。人間は、まず自分のことを考える利己的存在ではあるが、他人の幸不幸に関心をもたせるものを本源的にもっているものだというスミスの人間把握は、以上に見てきた二つの人間観の流れを批判的にふまえたところに成立したものである。

生まれつきではない能力・性格

ところで、スミスがその生得性を否定したのは、道徳感覚だけではない。

「さまざまな人びとの生まれつきの才能のちがいは、実際には、われわれが意識しているよりもはるかに小さいのであり、職業のちがう人びとを、かれらが成熟したばあいに、相互に区別するように見える大きな天分の差異は、多くのばあい、分業の原因であるよりも分業の結果なのである。たとえば、哲学者と街のふつうの運搬人とのあいだに見られるような、もっとも似たところのない性格のあいだの相違も、生まれつきのものというよりは、習慣や風習や教育から生じるように思われる。」

AN

INQUIRY

INTO THE

Nature and Cauſes

OF THE

WEALTH OF NATIONS.

By ADAM SMITH, LL.D. and F.R.S.

Formerly Profeſſor of Moral Philoſophy in the Univerſity of Glasgow.

IN TWO VOLUMES.

VOL. I.

LONDON:

PRINTED FOR W. STRAHAN; AND T. CADELL, IN THE STRAND.

MDCCLXXVI.

『国富論』初版のタイトルページ

これは、『国富論』の分業を論じた部分からの引用であるが、ここでスミスが、人間の能力や性格のちがいは、生まれつきのものであるよりも、生まれたあとでの、習慣、風習、教育、職業などから生じるものだと主張していることに、注目したいのである。人は、生まれつき聡明であったり愚鈍であったりするわけではなく、また生まれつき有徳であったり品性下劣であったりするわけではない。そうしたちがいが生じるのは、習慣、風習、教育、職業などの、いわゆる境遇のちがいによるとして、能力や性格のちがいの生得性を否定する人間のとらえ方は、人間は生まれたときは白紙であるとするロックの人間観に近いが、こうした人間把握から、つぎのような三つの重要な認識が生じてくる。その第一は、すべての人間の根源的な平等の認識であり、第二は、人間は、知的にも道徳的にも、変化しうるという認識であり、そして第三は、人間にとっての、自然的、社会的環境の重要性の認識である。

以上のことは、スミスが、人間を、性善説や性悪説のように固定的にではなく、さまざまな可能性をもったものとしてとらえたことを意味する。人間はだれでも、知的にも道徳的にも、成長することができるし、また堕落することもできるのである。したがってスミスには、スコットランド啓蒙思想家の多くが多かれ少なかれもっていた、啓蒙的エリート主義と大衆蔑視がない。のちに見るように、スミスの大衆は成長することができるのである。他方、スミスの良心は、自分を徹底的に大衆の一人として扱うことを要求する。こうした人間観におけるエリート主義と大衆蔑視からの訣別が、スミスに固有の経済学を生みだすことを可能にした基本的な要因なのである。一般に、スミスは経済学の父といわれているが、ここで「固有の」ということばを使用したのは、スミス以前にも、重商主義や重農主義の経済学が一応はあったといってよいからである。それらとスミスの経済学とのちがいや意義については、のちに見ることになるであろう。

さて、スミスは、すでに見たように、人間を、自分の安全や利益をまず第一に考える利己的存在ととらえたが、そうした人間の利己的性格を、もはやスミスは、マンデヴィルのように悪だとは考えない。それは、人間にそなわった自然の本性なのであって、利己心にもとづく行為自体は徳でも悪徳でもないのである。しかし、スミスは、つぎのことは認める。つまり、利己心は、自己の境遇を改善しようという欲求を生みだし、そのための努力を人びとに促すが、そうした努力がある種の制度的条件と結びついたばあいには、社会的害悪を生みだすということである。たとえばスミスは、『国富論』のなかの東インド会社のインド統治を論じたところで、東インド会社の使用人たちの乱脈な行為や収奪を批判したあとで、つぎのようにいう。

「わたくしが糾弾したいのは、統治制度であり、かれらがおかれた地位であって、そのなかで行為した人びとの人格ではない。かれらは、かれらの地位が自然に指示したとおりに行為したのだし、かれらにたいしてもっとも声高に非難をあびせた人びとも、おそらくかれらよりもよく行為することはなかったであろう。」

平和時の家庭ではやさしくいい夫や父である男性が、戦場では、自分をまもるために、あるいは恐怖にかられて、残虐な行為を行う。人びとをそういう状況に追いこまないことが大切なのである。以上のスミスの主張は、この論理と同じであろう。人びとがそれぞれに利益を追求しながら、平和が保たれ社会的害悪を生みださないような人間と人間の関係のあり方、したがって社会のしくみと国家のあり方を、スミスは、探究しようとするのである。

社会形成の原理

社会形成論の発展

ホッブズやロックの社会契約論は、社会の秩序や国家権力を神が与えたものという考え方を根底からくつがえして、民主主義の思想を大きく前進させた画期的な学説であったけれども、社会契約は、すでに指摘したように、経験的には検証しえない理論的な虚構であった。したがって、一八世紀にはいり、人びとのものの考え方がより経験的・実証的になると、社会契約論は、しだいに批判されるようになる。シャフツベリが、人間は道徳感覚によっておのずから社会をつくるとして社会契約説をしりぞけたのは、その最初の試みであった。シャフツベリのばあい、国家も、全体の秩序と調和をめざして、家族↓部族↓国家と発展してくるものであった。しかし、同じ道徳感覚学派でも、社会と国家の問題をより具体的に論じたハチスンのばあいは、国家論にかんしてはなおロックの社会契約論に依存していた。社会契約論との最終的な訣別は、経験論の立場をより徹底させたヒュームをまたなければならなかったのである。

ヒュームは、人類愛のごとき感情はもともと人間の心のなかには存在しないといい、利己心を中心に人間をとらえる。しかし、人間は、利己的ではあっても、自分以外の者にたいする情愛をまったくもたない者はおらず、道徳感覚はそれに根ざすという。この自然の情愛は、肉親や友人など狭い範囲でしか作用せず、それ自体では社会形成原理とはなりえない。ヒュームは、この自然の情愛の狭さと利己心の強さとから、人びとのあいだに財産をめぐる争いが生ずるという。しかし、やがて人びとは、自分の財産を平和のうちに享受することに共通の利害感をもつようになり、他人の財産にたいして自己を抑制するよう慣習的なとりきめ（コンベンション）を結ぶ。ヒュームは、このように、社会は、人びとのあいだに経験的に成立してくる共通の利害感にもとづく慣習的とりきめによって成立するというのである。

ヒュームは、道徳感覚に快をひき起こす行為を徳、不快をひき起こす行為を悪徳と呼び、効用性を快と不快の根拠にした。そして、人間はだれでも、他人の快苦を自分のことのように感じる共感能力をもつとした。共通の利害感の形成は、この能力によるのである。さらにヒュームは、社会が成立すると正義と不正義の観念が発生するという。正義とは、所有権など他人の権利を侵害しないことであり、公共の利益の増進である。しかし、ヒュームは、人びとは目先の利害にとらわれがちで、公正に違反し、不正義を犯しやすい弱さをもつという。すべての人がそうした弱点をもつのだから、社会の秩序を保つには、正義の遵

ジョン＝ロック

守をある特定の人びとの直接の利益とするような状況をつくりだすことが必要であり、そこに政府の起源があると、ヒュームはいうのである。つまり、統治を分業の一環にするといっていいだろう。そして、政府には、正義の遂行といっさいの争いの裁断の権限がゆだねられる。

ヒュームは、以上のようにして、社会の形成と政府の起源を、神にも社会契約にも頼らずに説明できたのである。しかし、ヒュームの政府は、公共の利益の増進の任務を背負わされており、しかもその公共の利益は人びとの私的利益の追求の外側に設定されていて、全体主義的な性格を帯びざるをえないものになっている。それは、重商主義政策をとっていた当時の国家の反映であったといってよい。スミスは、人間、社会、国家にかんするヒュームの考え方をふまえながら、経験的方法をいっそう徹底させて、人びとの私的な利益の追求が公共の利益につながっていくような、非抑圧的な社会と国家のあり方を追求していくのである。その出発点は、ヒュームの共感論をねりなおすことであった。

共感の原理

ヒュームは、人間はだれでも、他人の快苦を自分のことのように感じる共感能力をもつとした。スミスは、共感の成立がいかにして可能かを掘り下げるのである。何かの出来事にあって、喜んだり、悲しんだり、怒ったりしている人を当事者とし、それを見ている人を観察者とすると、観察者が当事者の感情を共有できるのは、観察者が想像力によって当事者の立場に自分の身をおいてみることによってであると、スミスはいう。つまり、観察者は、もしも自分が同じような出来事にあったなら、同じように喜ぶだろう、同じように悲しむだろう、あるいは怒るだろう、と考えることができたときに、当事者に共感できるのである。共感は、英語でシンパスイで同感とも訳されているが、英語の辞典には同情という訳語もでている。日本語の同情ということばには、不幸な境遇にある人にたいする哀れみというニュアンスがあるが、スミスのシンパスイにはそういう意味はまったくない。同じ感情を共有するということであって、喜怒哀楽のいずれの感情にも妥当するのである。スミスは、同じ意味でフェロウ－フィーリング、つまり同胞感情ということばも用いている。

それでは、人はなぜ想像力によって他人の境遇に自分の身をおく努力をするのだろうか。スミスは、当事者が「われわれの共感に喜び、その欠如によって傷つくのと同様に、われわれもまた、自分もかれと共感できれば喜び、共感できなければ傷つく」という。つまり、共感の喜びへの欲求が、観察者をして当事者の境遇に自分の身をおく努力をさせるのである。しかし、観察者は、当事者が遭遇した出来事を直接には経験していないのだから、観察者の情動は、当事者の情動のはげしさには及ばないのがふつうである。したがって、当事者が情動のはげしさそのままにふるまえば、観察者は、「あれは、ちょっと行き過ぎだ」という感じをもつのである。そうすると共感は成立せず、当事者の共感への欲求は満たされない。共感を成立させるためには、当事者が「かれの情念を観察者たちがついて行ける程度にまで低め」なければならない。つまり、当事者の側に、「もしも自分が観察者だったら、どこまでついて行けるだろうか」と想像力を働かせる冷静さが要求されるのである。

このように、スミスの共感は、当事者と観察者とが、いわば、相互に立場を交換することによって成立するのだが、実は、当事者と観察者とのあいだに共感が成立するということは、観察者が当事者の感情とそれにもとづくふるまいとを是認することを意味する。つまり、共感は、行為の是認原理なのである。すべての人が、あるばあいには当事者となり、あるばあいには観察者となることは、いうまでもないだろう。

公平な観察者の目

ところで、当事者が感情の高ぶりをどの程度まで抑制したときに観察者との共感が成立するかは、当事者と観察者とがどのような関係であるかによって異なる。当事者の自己抑制の努力は、観察者がかれの近親者や友人であるばあいよりも、たんなる知人であるばあいのほうが大きいであろう。見知らぬ人びとであるばあいには、さらに冷静にならなければならない。「もしわれわれが、ともかくわれわれ自身の主人であるならば、たんなる知人がそこにいることは、友人がそこにいることよりも、なおいっそうわれわれの気を静めるであろうし、見知らぬ人びとの一団がそこにいることは、知人がそこにいることよりも、なおいっそうそうであろう。」

スミスは、この見知らぬ人びととの共感を重視するのである。友人や近親者は、容易に当事者の立場に立ちうるし、ひいき目で見てしまうかもしれない。また、当事者の心には甘えが入りこむかもしれない。しかし、見知らぬ人びとのあいだでは、そうはいかない。スミスは、ひいきや甘えの入りこまない、見知らぬ人びとの目、つまり世間の目こそ公平な観察者の目なのであって、そういう目で自分自身の感情と行動を見ることを主張するのである。すこし長くなるが、スミスの考えがもっともよくでている『道徳感情の理論』のなかの文章を、つぎに引用しておこう。

「われわれは、……われわれが自然に自分たちを見るであろうような見方によってよりも、他人が自然にわれわれを見るであろう見方によって、自分を見なければならない。……他の人びとが自分をこう見るであろうとかれが意識している見方で、かれが自分を見るならば、自分がかれらにとっては、いかなる点でも他のだれにもまさってはいない、大衆のなかの一人であるにすぎないことがわかるのである。もしかれが、公平な観察者がかれの行動の諸原理に入りこめるように行為しようとするならば、……かれは……かれの自愛心の傲慢をくじき、それを他の人びとがついてこれるようなものにまで引き下げなければならない。そのかぎりで、かれらは、かれが自分の幸福を、他のどんな人の幸福よりも切望し、それをいっそう真剣な精励をもって追求するのを許すという程度に、寛大であるだろう。……富と名誉と地位をめざす競争において、かれは、かれのすべての競争者を追いぬくためにできるだけ力走していいし、あらゆる神経、あらゆる筋肉を緊張させていい。しかし、かれがもし、かれらのうちのだれかを、押しのけるか、投げ倒すかするならば、観察者たちの寛大さは完全に終了する。それは、フェア－プレイの侵犯であって、かれらが許しえないことなのである。」

しばしば、スミスは利己心の自由な追求を主張したといわれる。しかし、スミスが認める利己心の自由な追求は、公平な観察者の目、つまり世間の目が是認するかぎりであって、大衆の一人以上の特権を要求することは、利己心の傲慢にほかならないのである。

社会の諸規則と個人の良心　スミスが、見知らぬ人びととの共感を重視するのは、近代社会が、血縁的なまたは地縁的な共同体を基礎とした社会ではなく、有利な仕事を求めて人びとがたえず移動して見知らぬ人びとと関係を結んでいかなければならない、見知らぬ人びととの社会だからである。しかし、見知らぬ人びととの立場、つまり公平な観察者の立場に立つことは、そう簡単なことではない。公平な観察者の立場に立とうとするのは、行為者の一方的な想像力によるのだから、情念の強さが判断を誤らせるかもしれないのである。スミスによれば、この弱点は、つぎのようにして克服される。

「他の人びとの行動についての、われわれの継続的な観察は、気づかぬうちにわれわれを導いて、何が、なされまたは回避されるにふさわしく適切であるかについての、ある一般的諸規則を形成させる。」つまり、人びとは、ときに当事者として、ときに観察者として、他人とのあいだに共感を成立させようとするなかで、どんなばあいのどんな行為に共感がえられるかあるいはえられないかを体験的に知ると同時に、他人の行動の継続的な観察から、どんな行為に人びとは一般的に嫌悪を表明するか、あるいは好意を表明するかを知り、自然に、道徳性にかんする一般的諸規則をつくりあげるのである。

他方、スミスは、人びとは、自分の行為を自分自身の胸のなかから見張る良心をつくりあげるという。人はだれでも、はじめは、自分で自分の行為の適否を判断することができない。世間の反応で自分の行為が適切であったかどうかが、わかるのである。つまり、世間は、個人の行為の姿を写しだす鏡になるのであり、それを媒介にして個人は、やがて自分の行為の適否を自分で判断できるようになる。スミスのいう良心とは、各人の胸のなかに入りこんだ公平な観察者の目なのである。

ところで、いままで、見知らぬ人びとから成る世間の目が公平な観察者の目であるとしてきた。しかし、スミスは、世間の目がつねに公平な観察者の目であるとはかぎらないことに気づく。世間に偏見が満ちていて、個人の良心が世論と対立することがありうるのである。世論と対立するとき、個人を支えるのは良心である。したがって、スミスは、『道徳感情の理論』の第二版(一七六一年刊)で、世間を下級の法廷、良心を上級の法廷と区別した。しかしそのばあいでも、スミスは、良心が一人よがりになることを警戒して、上級の法廷の裁判権はもともと世間という下級の法廷の権威からひきだされたものだと、念をおすことを忘れてはいないのである。

スミスは、以上のように、平等で利己的なふつうの人びとが、お互いに共感を成立させる営みのなかで、おのずから道徳的諸規則と良心を生みだして、日々社会関係を形成し維持していくと説明したのである。これは、政府や行政機関が道徳教育の指導要領をつくるような世界とはまったく異なった世界であるだろう。スミスの共感論の世界では、人びとは日々自律的な人間に成長していく。そこでは、「巧みな管理」を行う為政者（マンデヴィル）も、「公共の利益」を説く為政者（道徳感覚学派）も不必要である。スミスの自由主義は、このような、自律的な人間像に根ざしていたのである。

富と道徳と法

階層的な社会のなかで

スミスが、当事者と観察者の立場の相互交換による共感の成立から社会の形成と維持を説くことができたのは、商品交換関係の発展のなかから、独立心の強い慎慮ある人びとが成長してきていたからであった。のちに見るように、スミスは、商品交換の発展に、そうした人びとを生みだす作用があると見ていたのである。しかし、当時のイギリスでは、スミスの期待する自律的な人びとは、少数派にすぎなかった。政治の世界では買収がふつうだったし、宗教の世界では偏見と差別がまだまだ強かったし、経済の世界では、重商主義政策のもとで特権的商工業者が幅をきかせていた。おもに特権をもたない新興の商工業者に多い独立心の強い慎慮ある人びとは、こうした古い関係とたたかいながら成長していかなければならなかったのであって、そうした事情が、スミスに、良心と世論の対立の問題を気づかせたといってよいだろう。

ところで、スミスは、はじめに見たように、人間を本質的に平等なものととらえたが、現実には人びとのあいだに富と地位と名誉の点でちがいがあり、歴史的現実としての社会には階層的な秩序があることを視野に入れていた。人びとは、そうした階層的な社会のなかで、富と地位と名誉を求めて競争しあうのである。富と地位と名誉のなかで、スミスは、富に中心的な位置を与えている。

なぜ富を求めるのか

スミスは、「健康で、負債がなく、良心にやましいところのない人の幸福にたいして、何をつけ加えることができようか」と書いている。これは、ストレスと過労で健康がむしばまれ、各種ローンにあえいでいる現代の多くの日本人にとっては、うらやましい状態であるが、スミスは、この程度の幸福ならば、下層の労働者の賃金でも達成できるという。それでは、なぜ人びとはそれ以上に富を求めるのだろうか。スミスは、その理由をつぎのように説明する。

人類は、悲しみにたいしてよりは喜びに共感しやすい傾向をもっているために、人びとは、自分の富裕を誇示し、貧乏をかくす。だれでも悔しく思うのは、自分の困苦を公衆の面前にさらさざるをえないことであり、だれも、自分の苦しみの半分も理解してくれないと感じざるをえないことである。人びとが「富裕を求め貧困を避けるのは、主として人類の諸感情にたいする、この顧慮からである」と。つまり、富がもたらす安楽や快楽もさることながら、多くの人びとに認められたいがために、人は富を求めるのだと、スミスはいうのである。このばあい、富は、人びとの虚栄心を満たす手段である。ところが、富を獲得するには手段が必要であるが、より効率的に富を獲得するべく手段をととのえていくうちに、人びとには、富を獲得すること自体が目的であるように思われてくる。つまり、手段の目的への転化であるが、スミスは、この転化を、自然が人間をだますことだがいいことだとして、つぎのようにいうのである。

「人類の勤勉をかきたて、継続的に運動させておくのは、この欺瞞である。最初にかれらを促して土地を耕作させ、家屋を建築させ、都市と公共社会を建設させ、人間生活を高貴で美しいものとするすべての科学と技術を発明改良させたのはこれなのであり、地球の表面をまったく変化させ、自然のままの荒れた森を快適で肥沃な平原に転化させ、人跡未踏で不毛の大洋を生活資料の新しい資源として、地上のさまざまな国民への交通の大きな公道としたのは、これなのである。」

各個人が、それぞれ自分の富の獲得を目的として行動する結果、生産力が発展して社会全体が豊かになるというわけである。だれも社会全体を豊かにすることを目的として行動したわけではないから、これは、人びとの意図せざる結果である。有名な「見えざる手」の導きということばは、この文脈のなかでてくるのである。スミスは、ある結果に対応する目的を目的原因と呼び、意図せざる結果を生みだす原因を作用原因と呼んで区別した。作用原因は、人びとの意図ではないから、その究明は、社会のしくみの客観的分析以外にはない。スミスが作用原因を目的原因から区別したことは、スミスが経済学の研究に向かうことをほとんど必然としたといっていいだろう。

富と階層秩序

さらにスミスは、人びとが富を求める根拠とした「人類が喜びに共感しやすい傾向をもつ」ということに、人びとが階層秩序を維持することの根拠を求める。スミスによれば、大衆は、上流の人びとの生活を、ほとんど完全な幸福の状態と考えがちで、「その状態にある人びとの満足にたいして、ある特殊な共感を感じる」のである。人びとは、ふつうの人の不幸な物語りによりも、王子や王女の不幸な物語りにより多くの涙を流す。民衆が、富裕な人びとや勢力のある人びとについていこうとするのは、恩恵への期待からではなく、そうした人びとの境遇への感嘆からなのだと、スミスはいうのである。

「かれらの恩恵は少数者にしか及ばないが、かれらの幸運は、すべての人の関心をひく。かれらがそのように完全に近い幸福の体系を達成するのを、われわれは援助したがるのだし、そしてわれわれは、かれらにありがたく思われるという、虚栄または名誉のほかには何の報償もなしに、かれらに奉仕したいと望むのである。」

しかし、社会の階層秩序はこうして維持されるのだが、スミスは、社会を実質的に動かしているのは民衆だと見ており、つぎのように書く。すなわち、上流の人びとは、身だしなみやふるまいで人びとをひきつけることに満足していて、困難や困苦をともなうことにかかわる気持ちをもたないから、「すべての政府において、諸王国においてさえ、一般に最高の職務を手ににぎるのは、また行政のすべての詳細を動かすのは、生活上の中流または下流の身分で教育され、自分自身の勤勉と能力によって頭角をあらわしてきた人びとであって、生まれながら自分たちの上司であるすべての人びとの、嫉妬心に苦しめられ、復讐心に敵対させられるとはいえ、そうなのである。」スミスは、王政や貴族政の内部をたくましくくりぬいていく民衆の姿を見ていたのである。

ところがスミスは、経済学の研究を経過したあとでだした『道徳感情の理論』の第六版で、道徳感情の腐敗を論じた一章を追加して、富者や有力者に感嘆し、貧者を軽蔑するという、社会の階層秩序を支えるこの性向は、同時に道徳感情の腐敗の普遍的な原因でもあると論じた。そして、人類の尊敬と感嘆を獲得する二つの道を区別した。すなわち、「知恵の研究と徳性の実行」という道と、「富と上流の地位の獲得」という道である。人びとはこの二つの道をしばしば混同し、「財産への志願者たちは、あまりにしばしば徳性への道を放棄する」と、スミスはいうのである。にもかかわらず、スミスは、つぎのようにも書く。

「中流および下流の生活上の地位においては、徳性への道と財産への道、少なくともそういう地位にある人びとが獲得することを期待しても妥当であるような、財産への道は、幸福なことに……ほとんど同一である。すべての中流および下流の職業においては、真実で堅固な職業的能力が、慎慮、正義、不動、節制の行動と結合すれば、成功しそこなうことはめったにありえない。……そのような人びとの成功は……かれらの隣人と同輩との好意と好評とに依存する。だから、正直は最良の方策だという昔ながらの諺は、このような境遇においては……つねに完全な真理として妥当するのである。」

スミスが問題にした道徳感情の腐敗は、おもに大財産をもつ上流階級の問題であって、大衆が富を求める努力は、一般に健全だったのである。

道徳と法の関連

最後に、道徳と法との関連にかんするスミスの考察を見ておこう。

スミスによれば、自分の幸福への関心と他人の共感をえたいとする当事者の立場から、慎慮、自己抑制、自己否定などの徳性が、当事者の立場に身をおこうとする観察者の立場から、寛容や慈恵などの人類愛の徳性が、そして、侵害にたいする憤慨と処罰への共感からは、正義の徳性がそれぞれ成長する。これらの徳性のうち、慎慮などは自分自身の幸福に関係するものであるが、慈恵と正義は他人の幸福に関係するものである。スミスは、これら慈恵と正義の性格を、つぎのように論じているのである。

「社会の全成員は、相互の援助を必要としているし、同様に相互の侵害にさらされている。その必要な援助が、愛情、感謝、友情と尊敬から、相互に提供されているばあいは、その社会は、繁栄し、そして幸福である。……

しかし、必要な援助がそのような寛大で利害関係のない諸動機から提供されないにしても、その社会は、幸福さと快適さは劣るけれども、必然的に解体することはないであろう。社会は、さまざまな人びとのあいだで、さまざまな商人のあいだでのそれのように、相互の愛情または愛着がなくても、社会についての効用の感覚から存立しうる。……しかしながら、社会は、互いに害を与え侵害しようと、いつでも待ちかまえている人びとのあいだでは、存立しえない。……だから、慈恵は、正義よりも、社会の存在にとって不可欠ではない。……それは、建物を美しくする装飾であって、建物を支える土台ではなく、したがってそれは、勧められれば十分であり、決して押しつける必要はない。反対に、正義は、大建築の全体を支える主柱である。」

このように、スミスは、慈恵は社会の装飾であるから強制されるべきではないが、正義は社会の主柱だから、その侵犯にたいしては処罰が必要だと、考えるのである。正義というのは、生命、身体、財産などにたいする侵害の防止である。ヒュームが「公共の利益」の増進を正義のなかに入れていたのにたいして、スミスは、正義を侵害の防止に限定したことに注意しておこう。正義は、したがって法と統治の問題であろう。『道徳感情の理論』で、人間の社会関係の原理的な考察を終えたスミスは、この本の最後を、つぎのように結んだのであった。

THE
THEORY
OF
MORAL SENTIMENTS.
By ADAM SMITH,
Professor of Moral Philosophy in the University of Glasgow.
LONDON:
Printed for A. Millar, in the Strand;
And A. Kincaid and J. Bell, in Edinburgh.
M DCC LIX.

『道徳感情の理論』初版のタイトルページ

「わたくしは、もう一つの別の論述において、法と統治の一般原理について、およびそれらが、社会のさまざまな時代と時期において、正義にかんすることだけでなく、治政、公収入、軍備、さらには法の対象である他のすべてにかんすることにおいても、経過してきたさまざまな変革について、説明を与えるように努力するつもりである。」

新しい歴史観

二冊のノート

スミスは、一七五九年に『道徳感情の理論』をだしたが、その後は、道徳哲学の講義の力点を法学に移した。スミスは、結局は法学にかんする著作を残すことができなかったけれども、講義については、学生のとったノートが二冊発見されていて、それらによって、法学にかんするスミスの思索を、ある程度はうかがうことができるのである。

二冊のノートのうち一冊は、一七六二～六三年の講義のもので、これをAノートと呼ぶことにする。もう一冊は、一七六三～六四年の講義のものと推定されており、これをBノートと呼ぶ。Bノートは、講義内容のかなりすぐれた要約であるが、Aノートは、講義をそのまま筆記したもので、Bノートよりもはるかに詳細である。ちがいは、それだけではない。

Bノートの講義は、正義、治政、国家収入、軍備、国際法の順で行われ、正義の部分については、公法、家族法、私法の順で行われている。Aノートの方は、治政にかんする講義の中途までしかなく、正義にかんする講義の順序が、私法、家族法、公法と、Bノートとは逆になっている。治政にかんする講義の中途までしかないのは、あとの部分が失われたためであろうが、正義の部分の講義の順序が変更されていることには、一定の意味がある。つまり、スミスの先生であったハチスンの道徳哲学の講義の順序が、Aノートと同じなのである。AノートからBノートへの変化は、スミスが、法学においても、ハチスンをのりこえつつあったことを示すものであろう。以下、この二冊のノートから、法学にかんするスミスの考察の特徴を探ってみよう。

自然法の研究

まずスミスは、自分が研究しようとする法学の性格を、つぎのように規定する。「法学は、それによって市民政府が導かれるべき諸規則の理論である。それは、異なった国々における統治組織の基礎をあきらかにし、それらがどれだけ理性にもとづいているかを示そうと試みる」（Aノート）。「法学とは、すべての国民の法の基礎たるべき一般諸原理を研究する科学である」（Bノート）。

みられるとおり、スミスの法学は、人間の作成した実定法の研究ではなく、それらが依拠すべき一般的諸原理、つまり自然法の研究なのである。「実定法の諸体系は、さまざまな時代と国民における、人類の諸感情の記録として、最大の権威にあたいするとはいえ……自然的正義の諸規則の正確な体系」（『道徳感情の理論』）とみなすことはできないのである。

つぎにスミスは、法の四大目的は、正義、治政、国家収入および軍備であるが、これら四つのうち、侵害からの防止を目的とする正義が、市民政府の基礎だとする。「治政の目的は、諸商品の安価、公安、清潔である」が、これらは、正義の実現を前提とするからである。つまり、スミスの法学の中心は、正義論なのである。

スミスは、正義を三つの視点から考察している。すなわち、人間としての諸権利、家族の一員としての諸権利、国家の一員としての諸権利、の侵害の防止である。人間としての諸権利は、身体、名誉、財産をめぐるものである。家族の一員としての諸権利とは、夫や妻の、父や母としての、子供の、諸権利である。国家の一員としての諸権利は、圧政や抵抗をめぐる諸権利である。これら三つの視点のうち、人間としての諸権利の視点がもっとも基礎的であろう。これら三つの視点には、私法、家族法、公法を、一応は対応させることができるが、人間としての諸権利には、公法も深くかかわるはずである。実はスミスが、Bノートで正義論の論述の順序を変更したのは、人間としての諸権利のなかの財産をめぐる権利、つまり所有権の特殊性に気づいたからであった。スミスは、つぎのようにいう。

人間がその身体と名誉を侵害からまもる権利を有することは自明であって、その権利は自然権と呼ばれるが、しかし「所有権のような後天的権利は、さらに説明を要する。所有権と市民政府とは、互いに依存しあうところが大きい。所有権の維持と所有権の不平等とが、まず最初に政府を形成した。そして、所有権の状態は、つねに政府の形態とともに変化するにちがいない。市民法学者たちは、まず第一に政府を考察し、つぎに所有権および他の諸権利を論ずる。かれらのほかにこの問題について書いた者は、まず後の問題から始めてついで家族および市民政府を考察している。これらの方法には、それぞれ特有の種々の長所があるが、大体において、市民法の方法が好ましいように思われる。」

フランス革命のときの人権宣言などでは自然権に入れている所有権を、スミスが自然権に入れていないことが注目されるが、この論述の順序の変更によって、スミスは、個人の権利から始める社会契約論的方法からいっそうはなれて、経験的歴史的な方法にすすんだといってよいだろう。そのばあい、所有権の状態と政府の形態との深い関連に気づいたことは、重要である。

権威の原理と功利の原理

スミスは、人びとを政治社会に入らせる一般的原理として、権威の原理と功利の原理の二つをあげる。特定の人物に権威を与えて政治的指導者にするものは、腕力、精神的能力、年齢などの個人的資質や古い家柄などが考えられるが、何といっても大きな意味をもったのは富だと、スミスはいう。それは、必ずしも富者にたいする貧者の従属性のためではなく、『道徳感情の理論』でも指摘されていたように、富者にたいする共感のためなのである。すぐあとで見るように、スミスは、政府の発生を富者が貧者を経済的に依存させることから説明している。しかし、経済的従属だけでは、貧者が富者から身分的に独立して自分の労働で生活している近代の政治社会の存続を説明できないのである。

さて、「人びとを導いて為政者に服従させる第二の原理は功利である。」スミスによれば、人びとは、「国家制度によって、もっとも貧しい者も、もっとも富める者や有力な者による侵害から免れうる」効用を知っており、多少の不都合があっても、国家制度に従うのである。スミスは、このばあいの人びとの功利感は、私的なものであるよりは、公共的功利感だという。なぜなら、ある人にとっては「政府に服従しないで転覆」する方が利益になるばあいでも、その人は、大部分の人が自分の企てを支持しないことを知っているので、全体の利益のために政府に服従した方がよいと考えるからである。

スミスは、以上の権威の原理と功利の原理は、すべての統治でともに作用しているが、しかし、「君主政治においては、おもに権威の原理が支配的であり、民主政治においては、おもに功利の原理が支配的である」という。つぎに統治の形態が問題になるだろう。

統治の形態の変遷

スミスによれば、政治権力は、立法権、裁判権、和戦の決定権をふくむ行政権の三つから成るが、私有財産のない狩猟社会では、指導者は全体の同意なしには何もできなかったから、これら三つの権力は人民の全体に属していた。ところが、牧畜社会になると、畜群の私有が発生して財産の不平等をもたらし、貧者は富者に依存しないと生きてゆけなくなり、富者は貧者に施しを与えて奉仕と隷属を要求するようになる。スミスは、こうして正規の政府が発生したという。このばあい、富者は、三権を一手に握る首長であって、専制的な君主といってよいだろう。その専制政治に共和政治が導入されるかどうかは、スミスによれば、その国の産業の発展の可能性によるのである。地理的状況から見て改良不能なタタールやアラビアでは、共和政治が導入される可能性はまずない。したがって、それ以後の政治形態の展開の舞台は、ギリシアやヨーロッパということになる。

まず耕作が始まり、人びとが定住するようになると、私有財産は、畜群から土地へと拡大し、余剰生産物が交換されるようになる。交換は人びとの勤勉を刺激し、いっそう富裕をすすめるが、そうなると、周辺の民族の侵略をさそい、人びとは、防衛のために要塞都市をつくって都市生活を営むようになる。ここに都市国家が成立するが、市民が徐々に豊かになり、その富が首長の水準に近い者もでてくると、首長は権威を失って、富裕な少数者の貴族政治が行われるようになる。こうして君主政は、共和政に移行する。さらに商工業が発達し、富者がその富を従者を養うのに使うよりも自分の奢侈に使うようになり、奴隷に仕事をさせて余暇をもてるようになった自由民がふえてくると、貴族政は、共和政のもう一つの形態である民主政に移行する。ところが、富裕は、市民の尚武の精神を衰えさせ、軍備を傭兵や解放奴隷に依存させるようにする。ここに一種の常備軍が発生し、その軍事的指導者が力をもつようになり、軍事的君主政を成立させたりすることが生ずる。征服によって広大な帝国を築いたローマが、結局はゲルマン民族の侵入を許して没落したのは、属州で未開人を傭兵にし、その首長に強大な力を許したからである。

ローマ帝国没落後は、征服と掠奪で商業はとだえ、征服時の指導者が大土地支配者となって割拠する。かれらの土地は、税金その他の負担がなかったから、自由保有地と呼ばれる。かれらは、年貢や軍役を条件に土地を従士のあいだに分与し、多数の郎党をかかえた。かれらは、たえず勢力を争っていて、そのために強い者に土地を寄進して保護を受ける関係などがすすみ、一〇世紀前後には、封建制が成立した。封建制は、国王を頂点とする身分制社会で、最下層には農奴がいた。国王はいたが、政治は一種の貴族政治であった。封建制が成立してある程度平和が回復すると、商工業が発展して都市ができる。商工業者は、組合を結成して、しだいに自由を確保し、都市の自治権を確立していった。国王は、貴族の力を弱めるために都市の自由の成長に力を貸した。イギリスでは、都市民は、一三世紀の終わりには、騎士階級とともに議会に代表を送ることができるまでに成長したのである。他方、貴族は、商工業の発展にともなってその財産を家庭的奢侈に使うようになり、郎党を解雇して、政治的権威を失った。反対に、国王は、権力を増大させ、ここに絶対王政が成立する。

イギリスの絶対王政は、ヘンリー七世からヘンリー八世の頃に確立するが、それは中央集権的な政治だから、それ以前に比べて王室財政をふくらませる。人気を気にしていたエリザベス一世は、臣民に税金を課すことを欲せず、必要な経費を王領地の売却でまかなった。したがって、かの女の後継者たちは、追加的経費が必要になったときには、議会に訴えなければならなかった。そのばあい、国民全体を代表していた庶民院は、「ある程度国王の特権を侵害することなしには」国王の要求を認めなかった。このようにして、議会における言論の自由や立法権が確立したのである。イギリスは、王政、貴族政、民主政の、混合政体の国であるが、とくに名誉革命後は、王室費が完全に庶民院に依存するようになったことが、自由の保障の一つになっている。そのほか、いまでは、裁判官が終身官で国王から独立していること、国王の大臣にたいして庶民院が失政弾劾権をもっていること、人身保護法、選挙の方法や選挙についての判断の権限を庶民院がもっていること、などがイギリスの自由の保障になっている。スミスは、国民に抵抗権があることを認めている。

発展四段階説

以上のように、スミスは、所有権ないし財産の状態と政治のあり方とのかかわりを、歴史的に考察した。政治形態を財産の状態との関連で考察した人に、すでに一七世紀に、ジェイムズ＝ハリントンがいる。しかし、ハリントンが問題にした財産の状態は、おもに土地所有の状態であった。それにたいして、スミスは、畜群、土地、商品、貨幣など、すべての形態の財産ないし富の状態と政治の関連を問題にしたのである。したがってスミスは、その社会の主要な産業が何であるか、それがどういう状態にあるかを、歴史的に考察した。そして、人類の社会は、もちろん例外はあるけれども、おおよそ、狩猟↓牧畜↓農業↓商業の四つの段階をへて発展してきたという、新しい歴史観に到達したのである。スミスがこの発展四段階説に到達した時期をもっと早い時期に推測する研究者もいるが、証拠はない。ただ、狩猟→牧畜→農業と段階的に発展してきたという段階説的考え方は、すでに出ていた。たとえば、一七五八年にでたケイムズ卿の『歴史的法律論集』には、そうした考え方が認められるのである。しかし、スミスの歴史観の決定的に重要な点は、農業段階のつぎを商業段階ととらえたことである。人類が、いま到達しつつある段階を、分業の全面開花した商業社会ととらえたことである。スミスは、歴史の新しい段階である商業社会が人類にとってどういう意味をもつか、その自然な姿はどういうものであり、それをゆがめるものが何であるかを、問題としたのである。『国富論』は、これらの問題に全面的に答えようとしたものであった。

最後に、法学の講義で、スミスが商工業の発展をどのように見ていたかを見ておこう。スミスは、ロンドンとパリを比較して、治政にかんする諸規則がはるかに多いパリでロンドンよりも犯罪が多いのは、貴族が寄食者を多くかかえる封建的風習がなおパリで根強いからだといい、従属ほど人間を腐敗させるものはないという。そして、人びとの正直を増進させるものは独立であるが、商工業の発展こそこの独立をもたらすのであって、犯罪を防止する最善の治政だという。民衆が商工業で独立して生活するようになって、誠実な態度が全国的にゆきわたるのであり、商工業の発展のおくれているパリの民衆は、ロンドンの民衆よりもはるかに従属的であり、同じ理由で、スコットランドの民衆は、イングランドの民衆よりも従属的だと、見るのである。

このように、スミスは、商工業の発展が民衆の生活様式と意識を変え、民衆を成長させると見ていたのであるが、そのマイナス効果も見落としてはいない。スミスが指摘するのは三点である。第一は、分業が人びとの視野を狭くし、愚鈍にするということである。第二は、分業が仕事を単純な作業に分解したために幼少な子供でもできるものになり、人びとは、はやくから子供を仕事にだすようになり、教育が無視されるようになったことである。子供が教育を受けずに成長したとき、「自分を慰める何の思想ももたない。それゆえ、かれは、仕事をはなれたとき、酒と馬鹿騒ぎにふける。」第三は、尚武の精神の消滅である。

マルクスは、アダム＝ファーガスンが一七六七年にだした『市民社会史論』で、ファーガスンが分業のマイナス効果を指摘しているのを読んで、ファーガスンをスミスの先生と呼んだが、それよりも数年前の講義で、スミスは、すでにそのことを指摘していたのである。

商業社会

重商主義政策への批判

スミスは、商業社会への移行を、人間を身分的従属から解放して独立させ、誠実な態度をひろめ、人間生活を豊かなものにすると考えて、歓迎した。そのマイナス面は、のちにみるように、政策的に矯正可能なものであった。それよりも、スミスにとって問題だったのは、商業社会の自然な発展をゆがめて、それを抑圧的なものにしてしまう、重商主義政策であった。スミスは、『国富論』で、自然的自由の体系と呼ぶ、商業社会の自然な姿を探りつつ、重商主義の考え方と政策を根底から批判したのである。

名誉革命以後本格的にとられるようになった重商主義政策は、貿易統制政策を中心とした自国産業の保護政策であった。それは、重点を完成品の輸出産業におき、完成品の輸入を抑えて、国内市場の独占をはかった。他方、輸出商品の生産費を低く抑えるために、原料については、輸出を抑えて輸入を自由化し、労働者にたいしては、低賃金政策をとった。対外的には、植民地拡張政策をとり、しばしば戦争にまきこまれた。スミスが『道徳感情の理論』を書いていたとき、イギリスは、アメリカ植民地をめぐって、フランスと死闘を行っていたのである。戦争には勝ったが、すでに見たように、戦費のための公債の累積が巨額に達し、国民の肩に重税となってのしかかってきており、政府は、その一部をアメリカ植民地の人びとに肩がわりさせようとして反発をまねいた。政府は、植民地の人びとの不満を力で抑えこもうとした。すでに見たように、スミスは、『国富論』でその愚かさを指摘するのである。また、重商主義政策は、密輸をふやし、その取り締りが市民生活を息苦しいものにしていた。なぜこうした抑圧的な政策がとられてきているのだろうか。

重商主義政策は、輸出と輸入の差をできるだけ大きくして、その差額を貴金属で流入させようとした。重商主義者が、貴金属の流入を問題にしたのは、それが政策の効果を計る尺度であったからであり、また商品生産の増大によって増大する流通手段としての貨幣や貨幣資本の需要を満たそうとしたからであった。できるだけ多くの貴金属、つまり貨幣をえようとすることは、富裕になることはお金持ちになることという、通俗的「常識」にも合致していた。スミスは、まず、そこに問題を見出したのである。

ほんとうの富

スミスは、富概念のコペルニクス的転回を行ったといわれる。つまり、スミスは、ほんとうの富は、お金ではなく、生活の必需品や便益品などの労働生産物だと考えたのである。お金は、それ自体では何らの人間の欲望も必要も満たしてくれない。お金で食料や衣服などを購入して、はじめてわたくしたちは、欲望や必要を満たすことができるのである。

生活の必需品や便益品が豊富に市場にあって、はじめてお金をもつことに意味がでてくる。だからスミスは、生活の必需品や便益品などの労働生産物こそ真の富であって、お金、つまり貨幣はたんなる流通手段にすぎないと考えたのである。

富概念を貨幣から労働生産物へと転回させることによって、スミスは、人びとの経済を見る目を、流通過程から生産過程へと転換させた。そして、そうすることによって、「一方の得は他方の損」といい、流通過程における収奪を当然視する商業観から、等価交換にもとづく商業へと、商業観の転換を可能にしたのである。商業は、安く買って高く売ることで利益をうるから、そこに利潤の源泉があるように見え、不等価交換が当然であるように思われる。しかし、実は、それは、生産過程で生みだされた剰余価値（商品の価値から、その商品を生産するのに使用した生産手段の価値と労働者に支払った賃金をさしひいた剰余）を、生産過程をになう産業資本と流通過程を担当する商業資本が分けあうにすぎないのである。過程を全体として見れば、商品は、価値どおりに販売され、したがって等価交換が行われているのである。スミスは、利潤と区別して剰余価値をつかむことができず、したがってこの産業利潤と商業利潤との関係を正しく説明できたとはいえないが、利潤の源泉を生産過程に求め、等価交換を前提して議論をすすめていることはまちがいない。

さて、スミスは、ほんとうの富は生活必需品や便益品などの労働生産物だから、それらが豊かに供給されるかどうかは、つぎの二つの事情によるという。第一は、国民の労働が行われるさいの熟練、技能、判断力であり、第二は、労働力人口のうち生産的労働に従事する人びとの割合である。スミスは、これら二つの事情のうち、第一の方をより重視する。そして、未開社会と文明社会を比較して、つぎのようにいうのである。すなわち、未開社会では、働ける者はすべて働いているのに、たいへん貧しく、虚弱な者を放棄したり、餓死させたりしているが、文明社会では、多数の者が、まったく労働しないで、働いている人の何倍もの生産物を消費しているのに、生産物が豊富なので、もっとも貧しい層の職人でも、どんな未開人よりも、多くの生活必需品と便益品を享受していると。スミスは、未開社会と文明社会のこのちがいの原因を、労働生産力のちがいに見、そして、その労働生産力の改良の原因を分業の発達に見たのである。

分業と機械

スミスは、一人の職人がピン製造のすべての工程を一人で行ったばあいには、一日に一本のピンをつくることもめったにできないだろうが、一〇人の職人が分業体制で作業を行ったばあいには、一人当たり一日に四八〇〇本ものピンをつくることができるとして、ピンの製造所の、つぎのような有名な例をあげた。

「一人が針金を引き延し、つぎの者がそれをまっすぐにし、三人目がそれを切り、四人目がそれをとがらせ、五人目が頭をつけるためにその先端をけずるのである。頭をつくるには、二つか三つの別々の作業が必要である。それをつけるのが一つの独自の仕事であり、ピンを白く光らせるのが

ピンの製造所　『百科全書』の図版より。

もう一つの仕事である。それらを紙に包むことさえもが、それだけで一つの仕事なのである。このようにして、ピンを作るという重要な仕事が、約一八の別々の作業に分割されている……。」

それでは、分業は、どのようにして労働生産力を引き上げるのだろうか。スミスは、その理由を三つ指摘している。第一は、分業が仕事を単純な作業に分解し、その単純な作業を職人の一生の職業とすることによって、職人の技能を向上しやすくすることであり、第二は、ある仕事から他の仕事に移るさいに、たとえば道具をとりかえるなどして通常失われる時間を節約することであり、第三は、職人が単純な作業に従事することで、その作業を能率的に行う方法を発見することに思考をむけやすくし、道具の改良や機械の発明が行われることである。現代のわたくしたちは、労働生産力の発展というとき、まず思いうかべるのは科学的技術の発展であるが、スミスのばあい、分業という人間の側の労働のあり方を中心に考えていたことに留意しておきたい。機械などの発明は、分業の結果としていたのである。

ところで、分業には、作業場内分業と社会的分業という二種類の分業がある。ピンの製造所の例は、作業場内分業であるが、社会的分業は、人間の生活に必要なさまざまなものやサーヴィスを、人びとがさまざまな産業部門や職業にわかれて生産し、それらを相互に交換しあって、人びとが必要を満たしている状態を意味する。スミスは、この二つの分業をつかんでいたが、ともに労働生産力を高めるという点で共通性をもつから、理論的に区別することをしなかった。しかし、スミスは、社会的分業の方をより本源的と見ていた。なぜなら、スミスは、分業の発生と発展を、人間の知恵の結果にではなく、人間の交換性向にもとづかせていたからである。スミスは、人間の本性のなかに交換性向なるものがあると考えていたのである。

さて、「分業がひとたび完全に確立すると、人が自分自身の労働の生産物によって満たすことのできるのは、かれの欲求のうちのきわめてわずかな部分にすぎない。かれは、自分自身の労働の生産物のうちで自分自身の消費を上回る余剰部分を、他人の労働の生産物のうちで自分が必要とする部分と交換することによって、自分の欲望の大部分を満たすのである。こうして、だれもが交換によって生活するのであり、いいかえれば、ある程度商人になるのであって、社会自体が商業社会と呼ぶのがふさわしいものに成長するのである。」この商業社会では、人びとの「それぞれの才能のさまざまな生産物が、取引し交換する一般的性向によって、いわば共同財産となり、だれでもそこから、他の人びとの才能の生産物のうちで自分の必要とする部分を、どれでも買うことができるのである。」

すでにみたように、スミスは、人びとの才能のちがいを後天的なものとみなしていたが、分業は、人びとのあいだに才能のちがいを生みだし、そのちがいを有用なものにする。商業社会では、いかなる才能も社会的分業の一端を担っているかぎり同等なのであり、職業に貴賤はないのである。

商品の交換から貨幣の発生へ

商品交換は、物々交換として始まったが、やがて貨幣が生みだされた。貨幣の発生についてのスミスの説明は、つぎのとおりである。

「肉屋はその店に自分が消費する以上に多くの肉をもっており、酒屋とパン屋はその肉の一部をそれぞれ購買したいと思っている。ところが、かれらは、それぞれの職業の生産物のほかには交換に提供するものをもっておらず、肉屋のほうはすでにかれがさしあたり必要とするパンとビールをすべてもちあわせている。このばあいには……交換はおこりえない。」こうした不便を回避するために、「だれも自分たちの勤労の生産物と交換することを拒否しそうもないと考えられるような、何かある商品の一定量を、自分自身の勤労の特殊な生産物のほかに、手許においておくという仕方で、問題を処理しようと……努力したにちがいない。」

このように、スミスによれば、貨幣は、物々交換の不便を回避するために、人びとが共同で生みだしたものである。歴史のなかではさまざまなものが貨幣として使用されたが、結局は貴金属、すなわち金銀におちついたのは、金銀は、腐敗せず、分割しても変質せず、熔解によって再結合することも容易であって、「流通の用具」に適していたからである。はじめは、粗製の延べ棒のまま貨幣として使用されたらしいが、それでは、いちいち重さを計ったり、純度を調べるたいへんな手間がかかる。そこで、一定の純度の金や銀の一定量に公的な刻印を押す鋳造貨幣が考案された。

　スミスは、こうして発生した貨幣に、価値尺度と流通手段以外の機能を見ることができなかった。スミスは、ほんとうの富は貨幣ではなく労働生産物だと、富概念を転回させることによって、生産過程に目をむけ、経済の認識を深化させることができたが、貨幣を軽視することになってしまったといってよいだろう。スミスは、貨幣を「だれも自分たちの勤労の生産物と交換することを拒否しそうもないと考えられるような」特定の商品ととらえることができたが、なぜだれも交換を拒否しそうもないのかが、追求されなければならなかったのである。貨幣は、あらゆる商品の価値を統一的に表現する一般的等価物だから、何とでも交換可能であり、したがって人びとは貨幣をもとうとする。しかも、質的には何とでも交換可能だけども、量的には制限があるから、できるだけ多くの貨幣をもちたいとする情念を人間に生みださせる。スミスは、そうした貨幣の本質を認識することができなかったのである。ともあれ、貨幣が発生すると、商品のねうち、つまり価値は貨幣で表現されるようになる。分業の発展→商品交換の発展→貨幣の発生と考察を進めてきたスミスは、商品の価値と価格を考察せざるをえないところにたちいったのである。

商品の価値と価格

スミスは、商品の価値には二種類あるという。一つは、人間の何らかの必要ないし欲望を満たしてくれる商品の性質で、これを使用価値という。もう一つは、他の財貨を購買する力で、これを交換価値と呼ぶ。交換価値は使用価値を前提とするとはいえ、この二つはまったく別のもので、たとえば、水は、人間の生活に欠かせないもので使用価値はひじょうに大きいが、交換価値はほとんどない。他方、ダイヤモンドは、生活必需品でも便益品でもなく、使用価値はほとんどないが、交換価値はひじょうに大きい。経済学が研究対象とするのは、この交換価値である。それでは、交換価値の大きさは、どのようにして決まるのだろうか。

労働生産物の交換は、結局は労働の交換と考えるスミスは、「商品の価値は、それを……他の商品と交換しようと思っている人にとっては、その商品でかれが購買または支配しうる労働の量に等しい」という。この文章は、一般に、スミスの支配労働価値論を示すとされているが、『道徳感情の理論』の良心論で、人は世間という鏡に写してしか自分の姿を知ることができないと論じていたスミスは、商品が自分では自分の価値を表現できないことに気づいていて、まずこういう表現をとったのであろう。だからスミスは、すぐにつづけて「したがって、労働は、すべての商品の交換価値の真の尺度」であると書いたのである。価値尺度の問題は、価値表現の問題である。スミスのばあい、商品の価値の大きさは何によって規定されるのかという価値規定の議論は、そのすぐあとにつづくのである。「あらゆるものの真の価格、すなわち、あらゆるものがそれを獲得しようとのぞむ人にほんとうに支払わせるのは、それを獲得するさいの労苦と手数である。……それらのものは、一定量の労働の価値をふくんでおり、それをわれわれは、そのときに等量の労働の価値をふくんでいると考えられるものと交換するのである。労働は、すべてのものにたいして支払われる最初の価格、つまり本源的な購買貨幣であった。」これは、商品の価値はその商品を生産するのに要した労働量で決まるとする、投下労働価値論の考え方である。スミスの価値論は、すぐあとで見るように、混乱してはいるけれども、この投下労働価値論がベースになっているといってよいだろう。

スミスは、以上のように、価値表現と価値規定のちがいという理論的に重要な問題に気づきながら、その入口にとどまってしまった。したがって、スミスは、まず価値尺度の問題でさまよってしまう。スミスは、「労働がすべての商品の交換価値の真の尺度であるとはいえ、それら商品の価値がふつうに評価されるのは、労働によってではない」という。その理由は、労働には、単純な労働もあれば習得に長い時間のかかる複雑な労働もあるし、また密度の高い労働もあればそうでない労働もあるから、異種労働間の量的比率を確定することは困難だからである。物々交換のばあいは、市場のかけひきのなかで、日常生活に困らない程度の大雑把な等価交換が行われるが、貨幣がでてくると、すべての商品の価値は貨幣で評価されるようになる。しかし、貨幣、つまり金銀は、他のすべての商品と同様に、その価値が変動するのであり、「それ自体の価値がたえず変動している商品は決して他の商品の正確な尺度ではありえない」とスミスはいうのである。つまり、スミスは、貨幣で評価された商品の価値、すなわち価格は名目的なものにすぎないと、いいたいのである。それにたいして「等しい量の労働は、いつどこでも、労働者にとって等しい価値である……。〔等量の労働にたいして〕かれは、つねに自分の安楽、自由、幸福の同一量を放棄しなければならない。……獲得するのに多くの労働を要するものは高価であり……わずかの労働で入手できるものは安価である。だから、労働だけが、それ自身の価値が決して変動しないために……すべての商品の価値を評価し比較することのできる究極的で真の標準なのである。労働は、それら商品の実質価格なのである」。

ここでスミスが価値を変えない労働といっているのは、投下労働のことであるが、「しかしながら、等量の労働は、労働者にとってはつねに等しい価値をもつにしても、かれを雇用する者にとっては、ときには大きな、ときには小さな、価値をもつように見える」と、投下労働と賃金を同一視してしまう。スミスは、労働の価格にも、貨幣量である名目価格と、それで購買される生活資料の量である実質価格があるとし、この生活資料の価値が変動するために、労働の価値が変動するように見えるのだと、いうのである。

投下労働価値と労働力の価値の混同

いままで、スミスに従って「労働の価格」というういい方をしてきたが、正確には、労働能力たる労働力とその作用である労働とを区別しなくてはならない。労働者が資本家に売るのは、労働力なのであって、賃金は労働力の価格なのである。いま一人の労働者が一日八時間働いて原料に八〇〇〇円の価値をつけ加えて生産物を生産したとしよう。この八〇〇〇円が投下労働価値である。賃金は、労働力の再生産費、つまり労働者の生活費だから、いま労働者の一日分の生活費を四〇〇〇円だとすると、雇主は、労働者に四〇〇〇円を支払えばいいことになる。これが労働力の価値なのである。このばあい、投下労働価値と労働力の価値の差額四〇〇〇円が、剰余価値として雇主のふところに入ることになる。スミスは、投下労働価値と労働力の価値を区別することができず、混乱してしまったのである。

しかしながら、スミスのばあい、歴史的・発生史的考察が、しばしば理論的混乱を補って真実をつかまえさせる。『国富論』第一篇第六章のつぎのような議論もその一つである。

資本の蓄積と土地の占有にさきだつ初期未開の社会では、「労働の全生産物は労働者に属し、ある商品を獲得ないし生産するのに通常使用される労働の量が、その商品が通常購買し、支配し、あるいは交換されるべき労働の量を規制しうる唯一の事情である。」ところが、一部の人びとの手に資本が蓄積され、他の人びとが雇われて働くようになると、労働者は、その生産物を資本の所有者と分けあわなければならなくなる。つまり、労働者が原料につけ加えた価値が賃金と利潤に分解する。そこでは、もはや「ある商品の獲得または生産に通常使用される労働の量は、その商品がふつう購買し、支配し、あるいは交換されるべき労働の量を規制しうる唯一の事情ではない。」資本の利潤のためにある追加量が与えられなければならない。また、「土地がすべて私有財産になってしまうと、地主たちは、……土地の自然の生産物にたいしてさえ、地代を要求する。……そうなると、労働者は……かれの労働が収集ないし生産するものの一部を地主に引き渡さなければならない。この部分が……商品の価格において第三の構成部分をなす……。」

見られるとおり、ここにも投下労働価値と賃金を同一視する誤りが認められる。ここでスミスがいう初期未開の社会は、自分の労働によってえたものがすべて自分のものになる小商品生産者の社会といってよいだろう。そこでは、投下労働量と支配労働量は一致する。ところが、資本家や地主がでてくると、労働者は、かれが生産したものを資本家や地主と分けあわなければならなくなる。そのばあい、スミスは、一方では、労働者が原料につけ加えた価値が賃金と利潤に分かれるという正しい表現をとりながら、他方では、投下労働量が支配労働量を規制する唯一の事情ではなくなり、利潤や地代のためにある追加価値が与えられなければならないと誤った表現をとっている。それにもかかわらず、階級社会における搾取の事実をつかまえているのである。

こうして、労働者、資本家、地主という三つの階級が存在するようになると、年々の生産物は、賃金、利潤、地代の形をとってこれらの階級に配分されることになる。したがって、スミスは、大部分の生産物の価値は、賃金、利潤、地代に分解されるといい、これら三つを「すべての収入の本来的源泉」とする。利子などは、その派生所得なのである。人類が到達しつつあった商業社会は、実は、賃金労働者、資本家、地主という三大階級から成る社会だったのであり、スミスは、新しい時代の社会がそうした階級社会であることを、最初につかんだ思想家だったのである。

三大階級の社会

スミスの重要な現実認識　スミスの商業社会は、一見、独立小商品生産者の社会であるかに見える。しかし、分業の説明の例にあげられたピンの製造所のように、多くの人びとが資本家に雇用されて働く関係、つまり資本主義の関係が内包されていたのである。独立小商品生産者の社会は、自己労働にもとづく所有の社会である。資本主義社会は、他人の労働の成果の取得が認められる社会である。スミスに明確な「搾取」の意識があったとはいいがたいが、「初期未開」の社会から資本の蓄積と土地の私有が成立した社会への移行を描くことによって、自己労働にもとづく所有から他人の労働の取得への転回を、事実上とらえてしまったのである。

しかし、そのさいスミスは、投下労働量と労働力の価値とを混同していたために、利潤と地代を投下労働量をこえる追加価値と説明して、価格構成論への道を開いてしまった。価格構成論というのは、まず賃金、利潤、地代がそれぞれ独立に決まり、それらが合計されて商品価格が決まるとするもので、資本家が生産費を計算するばあいの意識にそくした価格論ということができる。それにたいして、まず商品価格が決まり、それが賃金、利潤、地代に分解するとする価格論を分解価格論という。投下労働価値論の立場からは、分解価格論が正しいことになる。前節の最後に見たように、スミスには、分解価格論的叙述もあり、異なった二つの価格論が並存しているのである。これは、理論的には矛盾であるが、スミスの重要な現実認識を反映したものである。つまり、それは、労働力、資本、土地のそれぞれに市場が成立していたことの認識である。賃金、利潤、地代の変動と商品価格との関連を、スミスは、問題とするのである。

自然価格と市場価格

スミスは、ある時点でのある社会または地域をとってみれば、賃金、利潤、地代のそれぞれについて、平均の率が存在するといい、それを自然率と呼ぶ。そして、ある商品の価格が、賃金、利潤、地代を「自然率に従って支払うのにちょうど過不足のないばあい」、その価格を自然価格と名づける。

しかし、商品が実際に売買されるばあいの価格は、市場価格であって、需給関係で変動する。需要よりも供給が大であれば、市場価格は自然価格を下まわる。そうすると、賃金、利潤、地代のいずれかが自然率以下に引き下げられざるをえない。それが賃金であれば、労働者がその商品の生産部門からもっと賃金の高い部門に移動して、その商品の生産量が低下し、供給が減少して、市場価格は上昇することになる。市場価格が自然価格以上に上昇すると、まず利潤がふえるから、資本家は、生産を拡大しようとする。労働者の雇用もふえるから賃金も上昇するかもしれない。しかし、

「勤勉と怠惰」　ホガースの一連の版画。織物工場の徒弟から身を起こした主人公が努力の結果、ロンドン市長にまで出世する話である。これは、その祝賀パレードの場面。

生産が増加し、供給が増加すると、その商品の価格は、上昇から下降に転ずる。つまり、市場価格が自然価格を中心に上下に変動することを通じて、労働力、資本、土地をさまざまな産業部門間に適切に配分し、社会全体のさまざまな生産物の需給調整がなされるのである。

スミスは、以上のように価格の自動調節作用をあきらかにし、その作用を妨げる三つの原因を指摘する。偶然の出来事、自然的原因、行政上の規制の三つである。偶然の出来事というのは、営業上の秘密に関するもので、たとえば、ある特定商品の市場価格が自然価格以上に騰貴したばあい、その商品を供給している資本家はできるだけその変化をかくそうとするし、また生産費を安くできる新技術を開発したばあい、できるだけそれを秘密にしておこうとすることなどをさす。第二の自然的原因は、フランスのぶどう園のように、「ひじょうに特殊な土壌と位置を必要とするので、ある大国でその生産に適しているすべての土地をもってしても、有効需要を満たすに足りない」ばあいなどである。第三の行政上の規制は、個人や商事会社に与えられた独占権や同業組合の排他的特権や徒弟法など、「競争を少数の者に制限し、そうでなければそこに参加できる者を締めだす」すべての規則である。以上三つの原因は、いずれも独占の効果をもち、市場価格を自然価格以上につりあげるものであるが、第一の営業上の秘密はそう長くつづくものではないし、第二の自然的原因はやむをえないものである。のちに見るように、スミスのきびしい批判は、当然、第三の原因に向けられることになるだろう。

さて、自然価格自体は、賃金、利潤、地代というその構成部分のそれぞれの自然率とともに変動する。それらの自然率は、その社会が富裕に向かって進歩しつつある状態か、停滞している状態か、それとも衰退しつつある状態か、に依存する。スミスは、こういって、つぎに、賃金、利潤、地代の分析に入っていくのである。

人道にかなった最低の賃金

スミスの賃金にかんする考察は、おもに『国富論』の第一篇第八章で行われている。そこでスミスは、「労働の生産物は、労働の自然的報酬すなわち自然的賃金をかたちづくる。／土地の占有と資本の蓄積にさきだつ、ものごとの本源的な状態においては、労働者の全生産物は労働者に属する」と書き始めて、土地の私有と資本の蓄積にともなって、労働者の生産したものが、賃金、利潤、地代に分かれていく過程の説明を、もう一度くりかえしている。そして、いまや「ヨーロッパのどの部分でも、独立の職人一人にたいして、一人の親方のもとで働く職人は二〇人である」と、雇用関係がひろく成立していることを指摘し、「労働の賃金というとき、労働者とかれを雇用する資本の所有者とが別々の人であるばあいの通常の賃金を指す」と、独立した職人の収入と区別しているのである。

スミスは、実際の賃金は親方と職人の契約によって決められるとするが、両者の利害は同じではないと、対立を認めている。職人は賃金を上げようとするし、親方はそれを引き下げようとするからである。しかし、争議が起これば、どちらが勝つかは容易に予測ができるという。数の少ない親方は、団結しやすく、法律もかれらの団結を禁止していないのに、職人の方の団結は禁止されているからであり、また、余裕のある親方は長く争議に耐えられるのに、多くの職人は、仕事なしでは、一週間と生きられないからである。にもかかわらず、スミスによれば、賃金には、かなりの期間にわたってそれ以下には下げておくことのできない、最低の率というものがある。

スミスは、賃金は、労働者が家族をつくって、つぎの世代の労働者を育成できるものでなければならないと、つぎのようなカンティロンの計算例をあげている。すなわち、労働者人口を維持するためには、一組の夫婦が平均二人の子供を育てあげなければならないが、当時は、子供の半数は成人になるまでに死亡したから、もっとも貧しい労働者でも、四人の子供を育てる覚悟が必要である。妻も働くが、子供の世話に労力がさかれるから、収入は自分自身の維持費程度である。したがって、男子労働者の賃金は、自分自身の維持費の二倍は必要だと。

このカンティロンの計算が妥当かどうかは別として、スミスは、「最低の種類の労働のばあいでさえ、一家族を扶養するために、夫と妻の労働をいっしょにして、かれら自身の生活の維持に正確に必要なものよりいくらか多くを稼がなければならないことは、少なくとも確かなことのように思われる」といい、これを「ふつうの人道にかなった最低の率」としたのである。なお、スミスの賃金論では、妻も働くことが当然とされていることに留意しておこう。

賃金の変動の要因

つぎにスミスは、どんなばあいに賃金がこの最低の率をこえて上昇するか、あるいは逆に下落するかの分析に移る。スミスによれば、賃金の長期的変動の基本的な要因は、労働力にたいする需要の動向であった。したがって、賃金は、生産の継続的な拡大が急速に行われつつある、したがって「もっとも急速に富裕になりつつある国々」で、もっとも高く、生産が縮小傾向にあり衰退しつつある国々では、最低の率以下になって餓死者すらでるのである。スミスは、もっとも急速に富裕になりつつある国としてはアメリカ植民地を、停滞しつつある国としては中国を、衰退しつつある国としては東インド植民地をあげている。そして、アメリカ植民地と東インド植民地のこのちがいを、「北アメリカを保護し統治するブリテンの政治機構の精神と、東インドで抑圧と権勢をほしいままにしている商事会社の精神」のちがいに見ているのである。

スミスは、イギリスも、アメリカ植民地ほど急速ではないけれども、富裕になりつつある比較的賃金の高い国と見ている。そのばあい、スミスは、貨幣賃金の上昇だけではなく、生産力の発展にともなう、安価で良質な生活必需品と便益品の供給の増大を指摘しており、そのようにして労働者の生活水準が上昇することを歓迎していたのである。よく知られているように、スミスは、当時支配的であった重商主義者の低賃金論にたいして、高賃金論を主張した。賃金の引き上げは勤勉を刺激するのであって、「賃金が高いところでは、それが低いところでよりも、職人が骨惜しみせず、すばしこい」のが見られるのである。

利潤について

スミスは、利潤の変動も、社会の富の前進・停滞・衰退の状態に依存するとするが、その影響の方向は、賃金のばあいとは逆だという。「資本の増加は、賃金を上昇させるが、利潤を引き下げる傾向がある。」ここでスミスが利潤といっているのは、実は、投下資本額とそれによってえられる利潤額との割合である、利潤率のことである。スミスは、利潤の派生所得である利子の市場利子率が、ヘンリー八世の時代以来低下してきたのは、利潤率が低下してきた証拠だという。その間、賃金は上昇し、富は増加しつづけてきたのである。それでは、資本の増加は、なぜ利潤率を低下させるのか。スミスの説明は、資本が増加して開発が進むと有利な投資部面が少なくなり、競争が激化するからであるというものであった。

これは、スミスの競争による利潤率低下論といわれるものである。スミスは、北アメリカ植民地では、例外的に賃金も利潤もともに高いことを認めているが、その状態は、「領土の広さのわりに資本が不足し、その資本のわりに人口が不足している」しばらくのあいだのことにすぎないのである。しかし、スミスは、「大きな資本は、小さな利潤をともなうにしても、一般に、大きな利潤をともなう小さな資本よりも急速に増大する」といい、利潤率は低下しても利潤量は増大するから、富裕への前進は、資本家にとっても決してわるいことではないと、考えるのである。しかも、スミスによれば、自然の許容限度いっぱいに開発しつくされた国はないのであって、中国のような停滞状態にある国も、古い「法律と制度と両立するかぎりの富裕の余地いっぱいを獲得してしまった」にすぎず、法律と制度を変革すれば、いっそう富裕になりうるのである。ここに、古い社会制度が生産力の発展を妨げるという、生産力と生産関係の矛盾という考え方の萌芽を見てとることができるかもしれない。

スミスは、東インド植民地のような衰退しつつあるところでは、資本が減少して賃金は低下するが、利潤と利子は上昇するという。残存資本の所有者は、以前よりも安く労働者を使うことができるから、生産費を安くすることができ、他方、全体として資本が減少して供給量が減少しているから、市場では高い価格で売れるからである。これが、インド成金たちの基盤であって、こういうところでは「巨大な財産が突如として容易に獲得される」と、スミスはいうのである。スミスが、東インド衰退の原因を、東インド会社の抑圧的な統治に見ていたことは、すでに見たとおりである。スミスは、富裕への前進は、賃金を引き上げるが利潤率を引き下げるから、商品の価格を上昇させて海外での競争力を弱めることはないという。高賃金よりも高利潤のほうが有害だと、スミスは主張するのである。

地代について

スミスは、これまで、分解価格論の立場でも、構成価格論の立場でも、地代を、賃金や利潤と同等に扱ってきた。スミスが地代を論じているのは、『国富論』第一篇第一一章であるが、ここでスミスは、「賃金と利潤の高低は、価格の高低の原因であるが、地代の高低はその結果なのである」と、地代の特殊性に気づくのである。これは、どういうことであろうか。

農業であろうと、鉱山業であろうと、資本主義社会では、利潤を目的に営まれる。資本家は、利潤の少しでも高い事業に資本を投下しようとするから、自由競争のもとでは、平均利潤が形成される。平均利潤がえられなければ、資本家は、その事業から資本をひきあげてしまうのである。したがって、生産物価格が、資本家が労働者に賃金を払い平均利潤を確保する水準をこえたばあいにのみ、地代を支払うことができる。生産物価格がその水準をこえるかどうかは、需要に依存するというのである。

この議論は、構成価格論に矛盾するが、理論的には正しいものである。鉱山地代を例にとってみよう。より豊かな新鉱山が開発されて、より安い費用で生産物が供給されるようになると、その生産物の市場価格は低下し、劣った旧鉱山では、平均利潤の確保がやっとということになるかもしれない。旧鉱山の資本家は、もし地主に地代を支払わなければならないとしたら、鉱山から資本をひきあげて、別な事業に投資することになるだろう。しかし、スミスは、人間の食糧を生産する農業では、人口増加による需要増にともなって耕地が拡大されていくのだから、食糧はつねに需要されており、農産物価格はつねに地代を支払いうる水準に決まると考えるのである。

農業地代には、絶対地代と差額地代という二つの地代形態があるが、スミスは、この二つを理論的に区別することはできなかった。しかし、それらの認識に通ずる豊かな観察は認められるのである。「土地の使用にたいして支払われる価格とみなされる地代は、独占価格である」という観察は、絶対地代に通ずる。絶対地代は、限られた土地の私有のために、農業には、商工業ほど自由に資本が参入できないために生ずる、一種の独占状況から発生するからである。また、スミスが、地代が土地の肥沃度と位置（市場である都市との距離など）によって変化すると観察するとき、これは差額地代に通ずる。いま、市場からの距離は同じであるが、肥沃度の異なったAB二つの土地があるとしよう。肥沃度の劣ったBの生産費は、優良地Aよりも高くなるが、需要があるのだから、農産物の市場価格は、Bの生産物によって規定され、生産費の安いAには超過利潤が発生する。これが差額地代になるのだからである。

さて、スミスによれば、資本蓄積の前進は賃金を上昇させて人口増加を促し、人口増加は食料需要を増大させて、耕地の拡大や農業改良をすすめる。農業生産力が発展し、農工分離が生じ、社会的分業が展開すると、食料以外のさまざまな土地生産物への需要が発生し、さまざまな土地に地代を発生させる。このように、スミスは、富裕への前進は、地代を増大させるというのである。

三つの階級

以上のように考察してきたスミスは、『国富論』の第一篇を三大階級にかんする考察でしめくくる。

まずスミスは、地主階級の利益は社会の一般的利益と結びついているという。地代が富裕への前進にともなって増大するからである。そして、「公共が商業または治安にかんするなにかの規制について討議するとき、土地所有者たちがかれら自身の特定階級の利益を促進するというねらいで、それを誤り導くことは、少なくともかれらがその利益についてのある一応の知識をもっているならば、ありえない」と書くのである。しかし、かれらは、労働も配慮も費すことなしに収入がえられるから、自然に怠惰になり、そのため無知になり、公的規制の結果の予測や理解に必要な精神の集中すらできなくなることが多く、しばしばこの「一応の知識」を欠いているという。

つぎにスミスは、労働者の賃金も、富裕の前進にともなって上昇するから、労働者階級の利益も社会の利益と結びついているという。しかし、労働者も、自分の利益や社会の利益を理解できない。「かれの生活状態は、かれに必要な情報を受け取るための時間を残さないし、たとえ十分な情報をえたとしても、かれの教育と習慣は、それについて判断をくだす能力のない人間にするのである。」

最後に資本家階級であるが、スミスによれば、利潤率は「社会の繁栄とともに上昇し、衰退とともに下落しない。逆に、それは、富裕な国で低く……急速に破滅しつつある国で最高である。」だから、この階級の利益は、社会の利益にたいして、他の二つの階級の利益と同じ結びつきをもたない。そして、この階級は、つねに計画や企画にたずさわっているので、大部分の土地所有者よりも鋭敏な理解力をもっており、自分たちの利益をよく知っているので、市場の拡大や競争の制限のための政策など、自分たちの利益のための政策を、公共の利益のためと主張し、実現させてきたのである。スミスは、ほぼ以上のようにいい、さらにつぎのように警告するのである。「商業上の何か新しい法律ないし規制についての提案でこの階級に由来するものについては、つねに多大の用心をもって耳をかたむけるべきであり、もっとも周到な注意だけではなく、もっとも疑い深い注意を払って長いあいだ慎重に検討したうえでなければ、決してそれを採用してはならない。」

これまで簡単化のために資本家ということばを使用してきたが、スミスには、資本家ということばはない。スミスが用いているのは、「利潤で生活する人びと」であり、「商人と製造業者」である。ここでスミスが問題としている商人と製造業者を、特権的な前期的商人と製造業者だとする研究者が、日本では多いように思われる。しかし、スミスには、前期的と近代的の区別はなく、「利潤で生活する人びと」の一般的傾向を問題にしているのである。産業革命を経過した近代的資本家にも、独占の精神は形成されるのである。

スミスには資本主義ということばもないが、これまで見てきたことから、スミスの商業社会が資本主義的階級社会であることは、あきらかであろう。しかし、スミスの階級社会は、なお流動的であった。労働者には独立志向が残っていて、食料の安い年には、独立の職人が増加し、高い年には減少すると、スミスは、社会的対流現象を指摘しているのである。スミスによれば、独立小商品生産者は、だれよりも勤勉であったから、自ら雇主に成長することに成功したものもいたはずである。産業革命が終わるまでは、そうした可能性は多分に残されていたのである。

富裕への道

資本の蓄積と社会の富裕化　「織布工が、かれの特有な仕事に専念できるのは、かれがその織物を仕上げ……売却してしまうまで、かれを扶養し、仕事の材料と道具をかれに供給するのに十分なだけの資財が、かれ自身の所有であれ、他人の所有であれ、ともかくどこかにあらかじめ貯えられているばあいにかぎる。……

資本の蓄積は、ことの性質上、分業に先行せざるをえないのであるから、資本が先行的にますます多く蓄積されるのに比例してのみ、労働もますます細分されうる。……各職人の作業が単純化されてゆくのにつれて……さまざまな新しい機械が発明されるようになる。」

社会の富裕への前進は、資本蓄積の前進を意味していた。スミスは、『国富論』の第二篇を資本蓄積のメカニズムの解明にあてた。分業論から始めたスミスは、ここに至って、実は、資本蓄積は分業に先行すると、以上のように述べたのである。資本の蓄積は、貨幣や財宝をためこむことではなく、年々生産が拡大していくことを意味する。したがって、そのメカニズムを解明するためには、ある年度の全生産物がどんなふうに諸階級のあいだに配分され、使用されて、次年度の生産拡

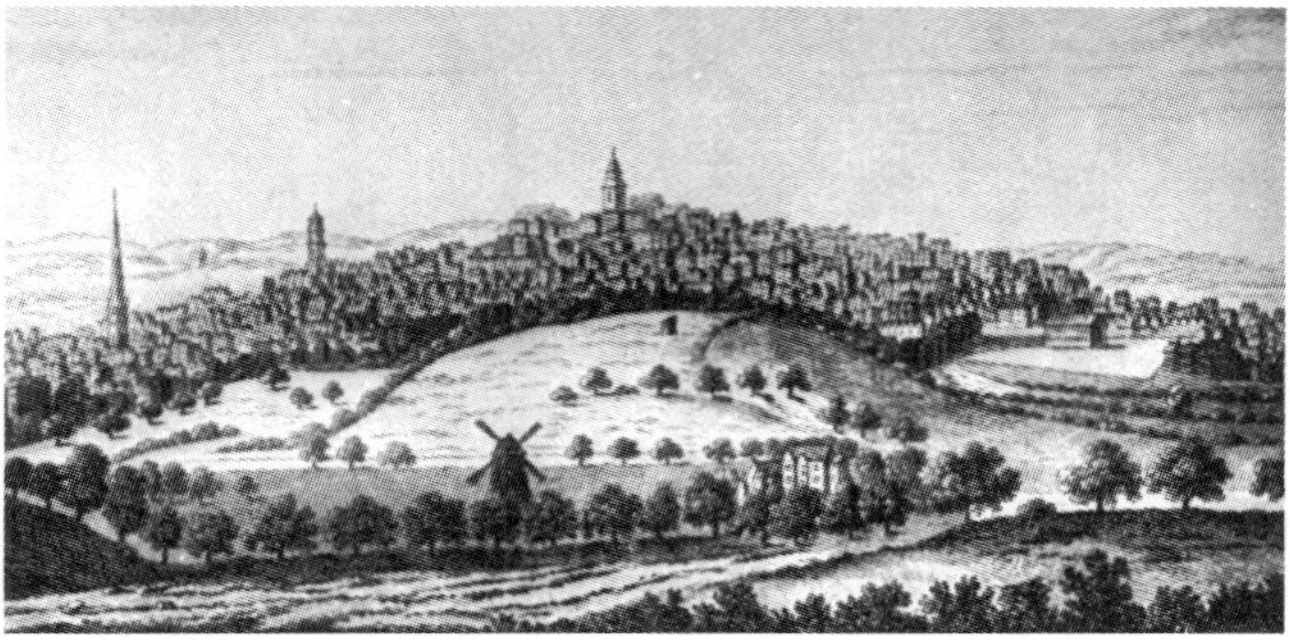

小工業都市バーミンガム

大の条件をつくりだしていくかが、あきらかにされなければならない。

スミスは、その作業を社会の総資財の分類から始めるのである。

固定資本と流動資本

スミスは、社会の総資財は三つに分けられるという。第一は、消費者の手に渡って消費を待っている消費財である。第二は固定資本であり、第三は流動資本であって、利潤を生むのに使用されるのは、この二つである。家賃のような、利潤、賃金、地代のいずれかからの派生所得をもたらすにすぎない、貸家のようなものは資本に入らない。

スミスの固定資本の定義は、持ち主を換えずに利潤をもたらすもので、機械、道具、営業用建築物、改良された土地、人間が獲得した能力が、それに入る。人間の能力を固定資本に入れたのは、俗にいう「身体が資本」という意味ではなく、資本家が購買した労働力が、工場のなかでは、他の生産財とともに生産要素の形をとった生産資本の一部をなすことに、スミスが気づいていたためであろう。

スミスの流動資本の定義は、持ち主を換えることで利潤をもたらすもので、そのなかに、スミスは、貨幣、食料品、衣服・家具・建物などの材料、完成商品を入れている。貨幣を別とすれば、「持ち主を換えることで利潤をもたらす」という定義からすれば、これらはすべて、商品の形をとった商品資本といっていいだろう。スミスが貨幣をここに入れたのは、持ち主の変換を媒介することで間接的に利潤の実現に寄与すると考えたためであろう。また、このことは、スミスが貨幣の形をとった貨幣資本に気づいたことを示すともいえるが、しかしスミスは、貨幣資本とたんなる貨幣とを理論的に区別することはできなかった。ここで、資本の運動の説明を行っておこう。

資本家は、まず貨幣資本で機械や原料などの生産手段と労働力を購買する。貨幣資本は、生産要素の形をとった生産資本に姿を変えるのである。生産が行われ、新しい商品が生みだされて、生産資本は商品資本に姿を変える。この商品資本を販売して貨幣に変える。初めと終わりが貨幣だから、どれだけ利潤が生じたかがわかるのである。回収した貨幣から最初の資本と同額をつぎの生産に投下すれば、同規模の生産がくり返されるから、単純再生産になる。利潤の一部を追加してより多くの資本を投下すれば、拡大再生産になる。資本の蓄積とは拡大再生産のことだが、資本は、以上のように、三つの形態をくり返しながら、その価値を増殖させるのである。

ところで、生産資本から商品資本に移行するとき、生産資本の価値が一度に全部商品資本に移転するのではない。一回の生産に投下される原料の価値は、新しい商品に全部移転するが、長期にわ

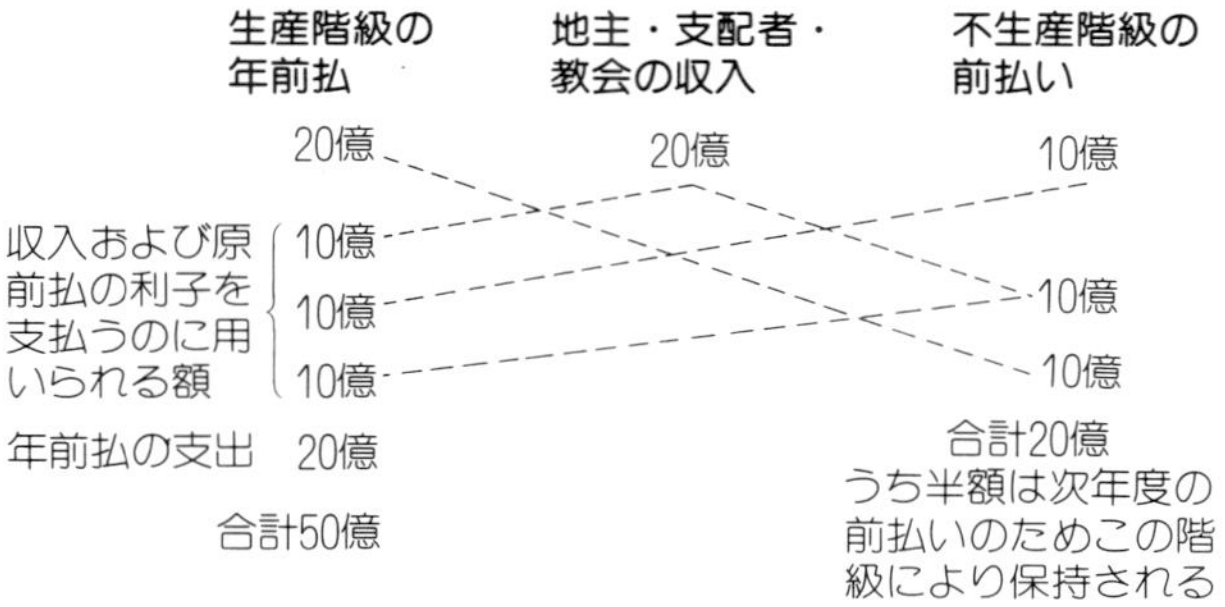

ケネーの経済表（経済表範式）　数字の単位はリーヴルである。この表では、つぎのことが仮定されている。生産階級＝農業従事者は、100億の原前払（固定資本）と20億の年前払（流動資本）とで50億の農産物を生産すること、固定資本の減価分は毎年10億の現物で補塡される（これが現前払の利子）こと、地主・支配者・教会の手には地代として支払われた20億の貨幣があり、不生産階級＝商工業者の手にも10億の貨幣があること、である。点線は交換関係を示す。例えば、不生産階級は10億の貨幣（前払い）で生産階級から10億の食料品と原料を買い、10億の奢侈品を製造する。地主らは、20億の地代収入のうち10億で生産者階級から食料を買い、残りの10億で不生産階級から奢侈品を買うという具合である。

たって何度も生産に使用される機械のようなものの価値は、一部しか移転しないのである。現在使用されている流動資本と固定資本の概念は、このような価値移転の仕方のちがいにもとづくものである。建物、機械、道具などが固定資本に入り、原料や労働力は流動資本である。

　しかし、スミスの固定資本と流動資本は、このような現在の概念とは異なったものである。もっとも、固定資本はオーヴァーラップしているといっていいが、スミスの流動資本は、ほとんど商品資本なのである。だから、スミスによれば、流動資本の一部は、たえず人びとの生活資料として消費過程に入り、一部は、固定資本の補塡と拡充に使用されるから、流動資本にはたえず補給が必要なのである。この補給は、おもに農業、鉱業、漁業によってなされると、スミスはいう。

わかりにくい再生産論

スミスの再生産論は、たいへんわかりにくいが、それは、ケネーの再生産論(経済表、前ページ参照)、を念頭において、自分なりの再生産論を構築しようと苦闘しているからである。ケネーは、農業だけが生産的だと考え、社会階級を生産階級(農業従事者)、地主、不生産階級(商工業者)の三つに区分し、農業で使用される資本のうち種子など一年で回転するものを年前払、土地改良投資など回転期間が長期にわたるものを原《げん》前払《まえばらい》として、再生産の構図を描いた。スミスは、農業だけでなく商工業も生産的と考え、社会階級の区分としては、労働者、資本家、地主を考え、すべての産業で資本を使用するものとして、それを固定資本と流動資本に区分して、再生産論を考えようとしたのである。このケネーからスミスへの認識の変化は、資本主義認識の前進を示すが、それだけ問題が複雑になってしまい、スミスは、再生産論の構築に成功しなかった。なお、次ページにあげた「スミス経済表」は、スミスの叙述を表にしてみたものである。矢印は、生産物・商品の流れを示す。

実は、スミスの再生産論には、もう一つの難点があった。それは、スミスがすべての商品の価値は賃金、利潤、地代に分解するとしていたことであった。これでは、原料や機械などの生産手段に投下した資本が回収できず、再生産が不可能なのである。さすがにスミスもこのことに気づいて、

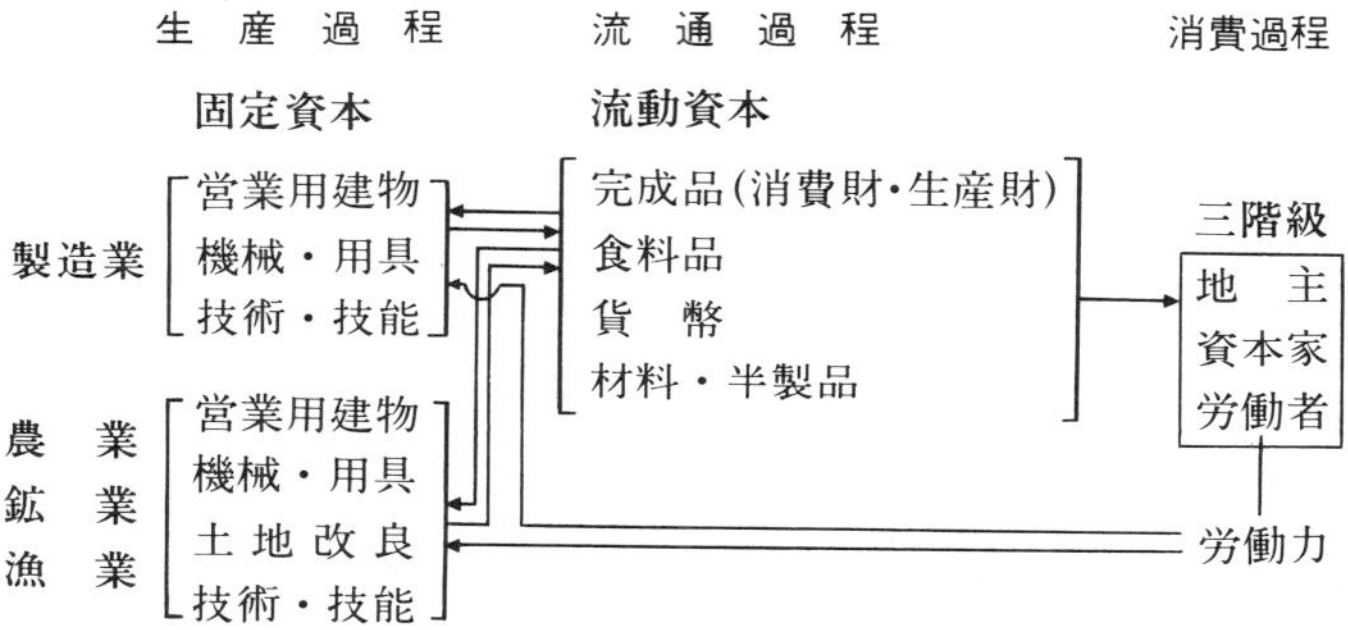

スミスの経済表

つぎのようにいう。「一大国民の総収入には、かれらの土地と労働の年々の生産物のすべてがふくまれる。純収入は、第一にかれらの固定資本の、第二にかれらの流動資本の、維持費を控除したのちに、かれらの自由にゆだねられるもの」であり、この二つは区別されなければならないと。総収入は国民総生産に、純収入は国民純生産に当たるが、流動資本がすべての貨幣と商品資本では、せっかくのこの区別も生きてこないのである。

最後に、スミスは、貨幣について、「ひじょうに高価な材料である金銀の一定量と、ひじょうに精巧な労働の一定量とが、直接の消費のための資財、つまり個人の生活資料、便益品、娯楽品を増加させるために使用されないで、偉大ではあるが、高価な商業上の用具を維持するために使用される」といい、貴金属貨幣を紙幣におきかえることを主張する。そうすることで節約した金銀で外国から追加的な原料、道具、食料などを買えば、それだけ流動資本が増加して、労働者の雇用がふえるというのである。スミスの紙幣発行の条件は、兌換《だかん》可能なものにすることと、小額の紙幣を禁ずることである。前者は、紙幣の過剰発行を防止するためであり、後者は、破産しかねない小銀行が紙幣を発行することを防止するためである。銀行の役割にかんしては、やはり貨幣節約の観点から、スミスが、遊休貨幣を集めて生産的な資本に転化する役割をも重視していたことをつけ加えておこう。

生産的労働と不生産的労働　スミスは、再生産論を展開したあと、生産的労働と不生産的労働の説明に入る。一国の労働人口のうちどれだけが生産的労働にふりむけられるかは、労働者の熟練、技能、判断力についで、ほんとうの富である労働生産物がどれだけ豊かに供給されるかを規定する第二の事情なのである。それでは、どんな労働が生産的なのだろうか。

生産的労働にかんするスミスの規定は、二重である。第一は、労働の対象の価値を増加させ、雇主の利潤を生みだす労働であり、第二は、物的商品の形に固定する労働である。不生産的労働は、第一に、対象の価値を増加する効果をもたず、第二に、家事使用人の労働のように、商品に固定せず、遂行されたその瞬間に消滅してしまう労働である。この規定は、当時、サーヴィス労働が商品化されていなかったことを示す。いまでは、サーヴィス労働も資本のために利潤を生むから、生産的とされているが、価値を生むという意味で生産的かどうかは、研究者のあいだでは議論のあるところである。

この生産的労働と不生産的労働の区別は、社会的に有用な労働か否かという問題とは別なのであって、社会的に有用な労働の多くも不生産的労働に入る。スミスが不生産的労働に入れている職業は、家事使用人のほかつぎのものである。主権者、司法官、すべての軍人、聖職者、法律家、医師、文筆家、俳優、道化師、音楽家、オペラ歌手、オペラ‐ダンサー。

ところで、スミスによれば、年々の生産物のうち投下資本を回収する部分は生産的労働者の維持にあてられ、残りの部分は利潤と地代という二つの収入にわけられるが、不生産的労働者と全然労働しない人びとを維持するのはこの部分である。賃金は、労働者個人にとっては収入であるが、再生産の見地からすれば、資本なのである。したがって、一国の労働力人口のうちどれだけが生産的労働にふりむけられるかは、資本と収入(利潤と地代)の比率に規定される。当時、大地主や大商人は多数の家事使用人を使っていたが、スミスは、これら家事使用人を怠惰な不生産的労働者と見ており、「資本と収入との比率は、どこでも、勤勉と怠惰の比率を規制する」といい、節約による収入の資本への転化を主張するのである。

とはいえ、スミスは、個人の浪費には楽観的である。個人を浪費にかりたてる力は、現在の享受にたいする一時的な情念にすぎないが、「貯蓄にかりたてる根源的な力は、われわれの生活状態を改善しようという欲求であり」、生涯消滅することのない欲求だからである。スミスが警告するのは、壮麗な宮廷、宗教関係の大造営物、大艦隊や大陸軍などの公的浪費である。これらの浪費が一定の限度をこえると、資本を食いつぶし、縮小再生産とならざるをえないからである。警告を発しつつも、民衆の生活状態改善欲求にたいするスミスの信頼は強固で、見通しは明るいのである。「各人がその生活状態をよくしようとする、一様な恒常不断の努力、すなわち、そこから私人の富裕はもとより公的な国民的富裕も本源的に引きだされるところの根源的な力は、政府の濫費や行政上の最大の過誤にもかかわらず、改良に向かう事物の自然の進歩を維持するにたりるほど強力であることが多い。」

資本投下の自然的順序

つぎにスミスは、一国に資本が十分にないばあいに、どういう順序で資本投下を行うのが効率的かを検討する。

スミスは、資本には四通りの異なった使用方法があるという。第一は、農業、鉱業、漁業など粗生産物を調達する産業、第二は、それらの粗生産物を加工する製造業、第三は、卸売商業、第四は、小売商業である。スミスは、これらの産業を、等量の資本が活動させうる生産的労働の量と生産しうる価値の大きさの二点から検討するのである。スミスが実際に検討しているのは、農業、製造業、卸売商業、小売商業であるが、卸売商業は、さらに国内商業と消費のための外国貿易と仲継貿易の三つにわけられる。消費のための外国貿易というのは、自国の消費のために外国の生産物を自国の生産物でもって購買する貿易である。そしてスミスは、もっとも生産的なのは農業であり、ついで製造業、国内商業、外国貿易の順になるという。したがって、この順で資本が投下されていくのがもっとも効率的でかつ自然だというのである。

このスミスの資本投下の自然的順序論は、農業がもっとも生産的だとする理由に、農業では利潤のほかに地代を生みだすこと、農業では家畜も生産的労働者であることなどをあげており、理論的には正しくないが、豊かな歴史感覚に支えられた議論であって、歴史的にもこの順序で発展するのが、富裕への自然な道だとするのである。そして、貿易重視の重商主義がいかにこの「富裕への自然な歩み」をゆがめたかを問題にするのである。

都市の発達と農業

「生活資料は、ものごとの本性上、便益品や奢侈品にさきだつものであるから、前者を獲得する産業は、後者を供給する産業に必然的にさきだたなければならない。」したがって、都市の産業の発展は、農業の発展に規定される。

スミスによれば、人為的政策がなく、利潤が等しければ、人びとは自然に農業に投資する。「土地に資本を使用する人は、その資本を、［製造業や外国貿易に比べて］より多く自分の監督と支配のもとにおくのであって、かれの財産は、貿易商人のそれよりも事故にあうことがずっと少ない。」そのうえ「農村の美しさ、農村生活の楽しみ、それが約束する心の平静、そして人間の法律の不正義が妨げないかぎりそれが必ず与えてくれる独立性は、多かれ少なかれ、すべての人をひきつける魅力をもっている。」農業は、鍛冶屋、大工、車輪製造工、石工、煉瓦積工、なめし皮工、靴製造工、仕立工を必要とし、そういう人びとを生みだすが、かれらは、しだいに都市をつくる。「都市は、農村の住民たちが自分たちの粗生産物を製造品と交換するために集まってくる常設の市または市場である。」「人間の諸制度が事物自然の成り行きを乱すことがなかったならば、諸都市の発達とその富の増進とは、すべての政治社会において、……農村の改良と耕作の結果として、かつそれに比例して生じたであろう。」このように、スミスは、農業、製造業、国内商業、そして外国貿易へと発展するのが自然だというのである。

ところが、「この事物自然の順序は、領土を有する社会ではどこでもある程度生じたにちがいないが、すべての近代ヨーロッパ諸国においては、それは、多くの点で完全に転倒している。それらの諸都市のうちの若干のものの外国商業が、すべての高級品製造業すなわち遠隔地向けの販売に適した製造業を導入し、そして製造業と外国商業とがあいたずさえて、農業の主要な改良を生みだしたのである。」なぜこうした転倒が生じたのだろうか。スミスによれば、その第一の理由は、ローマ帝国没落後に成立した大土地所有制とそのもとでの耕作権の不安定な隷農制が、農業の発達を妨げたことである。大土地所有制のもとで導入された長子相続制や限嗣相続制（権利者が相続人を限定して、所領がそっくり無傷で相続されるようにする方法）は、いまなお土地の分割を妨げ、土地市場への土地の供給を制限して地価を高め、農業への投資を不利なものにしている、というのである。第二の理由は、都市が各種の特権を獲得したり、与えられたりして、都市での商工業の発展が人為的に助長されたことである。このばあいの都市の商業は外国貿易が中心で、それと結びついて成長した製造業を、スミスは、外国貿易の子孫としての製造業と呼ぶ。

富裕への自然の歩みは貫徹する

しかし、スミスは、とにもかくにも都市の発達は、三つの方法で農村の耕作と改良とに貢献したという。第一は、大きな市場を提供することによって、第二は、商人がしばしば土地を購入して地主になったが、一般にかれらが最良の改良家になったことによって、そして第三は、商業と製造業とが「農村の住民のあいだに、しだいに秩序とすぐれた統治を、またそれらとともに、個人の自由と安全とを導入した」ことによってである。スミスは、この第三の貢献を「とびぬけてもっとも重要なもの」といい、「ヒューム氏が、わたくしの知るかぎりでは、これまでにそれに気づいた唯一の著作家である」という。スミスは、封建領主制の解体を重視しているのである。スミスは、領主がその富を「もてなし」から個人的奢侈に向けるようになったためにその権力を失ったという、法学講義ノートで行っていた領主制解体論を『国富論』第三篇でも展開している。この点は、すでに見たので、くりかえさない。

領主が権力を失うにつれて、農民は独立的になる。領主が個人的消費の増大のために地代のひきあげを要求したとき、農民は、かれらが土地改良に投下した資本を、利潤とともに回収するのに十分な期間の土地保有を領主が保障したばあいにのみ、領主の要求を認めた。こうして長期借地契約が成立し、農民の耕作権が安定して、農民は、安心して農業にはげむことができるようになったのである。

「公共の幸福にとってもっとも重要な革命は、このようにして、公共に奉仕する意図など少しももたなかった二つのちがった階級の人びとによって引き起こされた。もっとも子供っぽい虚栄心を満足させることが、大土地所有者の唯一の動機であった。商人や手工業者は、……自分の利益という観点から、……行動したにすぎなかった。かれらのいずれも、前者の愚行と後者の勤勉とがしだいにもたらしつつあった、あの偉大な革命について、知識も予見ももっていなかったのである。」

こうして、農民は独立したが、ヨーロッパでは、長子相続法や各種永代所有権が、大所領の分割を妨げ、土地市場への土地の供給を少なくして土地価格を高くしており、「あらゆる改良家のなかでもっとも勤勉な、もっとも聡明で、もっとも成功しやすい人びと」である小土地所有者の広汎な成立を妨げていると、スミスはいう。スミスは、土地が手に入りやすいために独立自営農民が多くいる北アメリカ植民地が、もっとも急速に富裕への道を歩みつつあると見ていて、ヨーロッパにも平等な分割相続の導入が望ましいと考えているのである。

しかし、スミスは、ヨーロッパ諸国のなかでは、イングランドがもっとも進んでいると考える。イングランドも転倒した歩みを歩んだのだが、重要なことは、「イングランドの独立自営農民層が、法がなしうる最大限に、安全独立かつ尊敬すべきものとされていることである。だから、長子相続権が存在し、十分の一税を支払い……若干のばあいに永代所有権が認められている国で、イングランド以上に農業にたいする奨励を行うことのできる国はどこにもない。」また「小土地所有者についでは富裕で大きな農業者［農業資本家］が……主要な改良者であ」り、ヨーロッパのどこよりも、イングランドには、こうした者が多くいると、スミスは、イングランド農業の現状に肯定的なのである。スミスは、イングランドの農業の発展がすでに、外国貿易の子孫としての製造業とは異なった型の製造業を生みだしてきているのを見ており、それを農業の子孫としての製造業と呼んだ。リーズ、ハリファックス、シェフィールド、バーミンガム、ウルヴァハンプトンなどの農村工業であり、これらの地域は、やがて産業革命の中心になっていく。スミスは、人為的な政策が歩みをおそくしたとしても、富裕への自然な歩みは自己を貫徹すると見ていたのである。

独占と特権への批判

自然の歩みを妨げる「商業の体系」　物事の自然の成り行きから見れば、転倒した歩みであったとはいえ、ヨーロッパにおいても、富裕への自然な歩みが貫徹していることを論証しながら、スミスは、その自然な歩みを妨げるものを随所で批判していた。たとえば、長子相続制や限嗣相続制にたいする批判がそうである。当時、物事の自然の成り行きを妨げていたものは、それだけではなかった。同業組合、徒弟法、定住法などがそうであったし、何よりもスミスが「商業の体系」と名づけた、いわゆる重商主義の考え方と政策があった。ここでは、これらにたいするスミスの批判を見ることにしよう。ただし、すでに見た長子相続制や限嗣相続制についての批判をくりかえす必要はないだろう。

ギルド・徒弟法・定住法への批判　同業組合、すなわちギルドにたいするスミスの批判は、それが競争を制限することに向けられていた。同業組合が確立されている都市では、その都市で正規の資格をもつ親方のもとで徒弟奉公を勤めたということが、独立してその職業を営む自由を入手する必要条件なのである。また同業組合の規約は、親方がもつことのできる徒弟の数を制限したり、徒弟奉公の年数を制限したりしている。たとえば、シェフィールドの親方刃物工は、同時に一人しか徒弟をもつことができないし、ノリッジの親方織物工は、二人しかもつことができない。徒弟奉公の期限は、ふつう七年であった。いずれも競争を制限するために、その職業を営むことのできる人の数を抑制する効果をもつものであった。「徒弟数の制限は、それを直接に抑制する。長い徒弟期間は、教育の費用を増大させることによって、それをもっと間接的に、しかし同様に効果的に、抑制する。」

徒弟法（一五六三年制定）は、それまで個々の同業組合の規約であったものを一般法の形にしたものであったが、その実際の適用は市場都市に限定され、さらにその法制定以前から存在していた職業に限定された。したがって、つぎのような馬鹿げたことが生じた。たとえば、四輪馬車製造業者は、自分が作る馬車の車輪を自分で作ることを許されず、親方車大工から買わなければならないとされたが、それは、車大工という職業がその法制定以前から存在していたからである。他方、車大工の方は、四輪馬車製造業者のところで徒弟奉公をしたことがなくても、四輪馬車を自分で作ることができ

スコットランドの貧しい糸紡ぎ女

た。四輪馬車製造業は、徒弟法制定時には、イングランドに存在していなかったからである。さきに見た農業の子孫たる製造業の多くは、実は、こうした馬鹿げたギルド規制の及ばないところで、成長したのであった。

「同業組合は、その職業をよりよく管理するために必要だ」という意見にたいして、スミスは、職人を効果的に鍛練するのは顧客たちであり、職人たちを、排他的特権をもたず、自分の評判以外に頼るものの何もない状態におくことこそ重要と考えるのである。そしてスミスは、同業組合の排他的特権を、人間がだれでも自分の労働能力にたいしてもっている所有権の侵害だと主張するのである。「各人が自分自身の労働にたいしてもっている所有権は、他のすべての所有権の本源的基礎であるとともに、もっとも神聖で不可侵な基礎である。貧しい人の世襲財産は、かれの手の力と技にあり、かれがこの力と技を、かれの隣人を侵害することなしに、自分が適当と思うやり方で使用するのを妨げることは、このもっとも神聖な所有権の明白な侵害である。」

さらに、イングランドには、労働者の自由な移動を妨げる定住法がある。これは、教区が貧民救済の責任をもつという、イングランド独特の救貧法体系の一環をなすもので、一六〇三年のエリザベス救貧法以来、幾度も改変されながら、一八世紀までつづいてきていたのである。貧民救済の費用は教区民の負担になったから、どこの教区も他教区から貧民が移住してくることを好まなかった。一八世紀には、居住していた教区の教区委員と貧民監督官が署名し、治安判事が承認した証明書をもっていれば、他教区への移住が可能になっていたが、しかし、いざというとき、証明書を発行した教区は、その貧民の送還費や扶養費を負担することになっていたから、簡単に証明書を発行しなかったのである。

したがって、証明書なしで移住すると追いだされたのであり、スミスは、「非行を犯したこともない人間を、その人が居住したいと思う教区から立ち退かせるというのは、自然的自由と正義にたいするあきらかな侵害である」という。そして、同業組合の排他的特権を打破し、徒弟法と定住法を廃止して、「貧しい職人が一つの商売あるいは一つの場所における雇用から投げだされたばあいに、他の商売あるいは他の場所で、告発または追放の恐れなしに、仕事を探せるようにすべきだ」と主張するのである。

輸入抑制策への批判

重商主義は、資本主義初期の国内産業保護政策であったが、スミスは、それを、トマス＝マンの著書の題名『外国貿易によるイングランドの財宝』が示すような、できるだけ輸出を増大させ、輸入を抑制して、その差額を貴金属で流入させることが国を富ます道だとする考え方および政策と理解した。スミスは、『国富論』の第四篇で、重商主義政策の一つ一つにそれぞれ一章をあててその効果を検討しているのである。ここでは、それらを、貿易統制政策批判、植民地政策批判の順で見ていくことにしよう。

まず輸入抑制策から見ていくと、第一は、「高関税あるいは絶対的禁止をもって、国内で生産されうるような財貨の、諸外国からの輸入を抑制すること」である。これは、関連産業に国内市場を独占させ、それらの産業の利潤をつりあげて、人為的に資本と労働力をひきつけることになるが、社会の総資本と総勤労を増大させるものではなく、無用な規制であるか、有害な規制であると、スミスはいう。つまり、国産品が同種の外国製品と同じほど安くもたらされるばあいには、それは、無用であるし、それができなければ、有害なのである。「買うよりも自分で作るほうが高くつくものは、決して自家で作ろうとしないのが、すべての慎慮ある家長の原則である。」

第二の輸入抑制策は、貿易差額が自国に不利と思われる特定の諸国からの、ほとんどあらゆる種類の財貨の輸入に、特別の制限を加えることである。個々の国との貿易差額が、ときにマイナスの国があっても、全体としてプラスになればいいという考え方を、一般的貿易差額説というが、これは、個別的貿易差額説による政策である。これは、相手国の報復をまねく。当時のイギリスとフランスのばあいがそうで、両国のあいだの公正な取引はほとんどなくなり、密貿易がはびこるようになったのである。スミスは、この抑制策を、国民的偏見と憎悪から生まれたもので、それをさらにかきたてるものだと、批判する。この抑制策により、「各国民は、自国と貿易する相手国の繁栄を嫉妬深い目で見、かれらが利得すれば自分たちが損をするのだとみなすように、しむけられてきた。商業は、個々人のあいだでと同じく、諸国民のあいだでも、結合と友好の絆であるべきが当然なのだが、それが、不和と憎悪の最大の源泉となってしまった。国王と大臣たちの気ままな野心も、今世紀と前世紀を通じて、商人や製造業者の見当違いの嫉妬ほどは、平和にとって致命的ではなかった。」

スミスは、輸入抑制策を以上のように批判して自由貿易を主張するのであるが、しかし、自由貿易への移行は慎重でなければならないという。「一つの大きな製造業の経営者が、国内市場が突然外国人の競争にたいして開放されたために、かれの商売を放棄せざるをえなくなるとすれば、かれは、疑いもなく、ひじょうに大きな打撃を受けるであろう。かれの資本のうちで、従来、原料の購入とかれの職人たちへの支払いに使用されていた部分は、たいした困難なしに、おそらく別の仕事をみつけるであろう。しかし、作業場に、あるいは営業用具に固定された資本部分が、かなりの損失なしに処分されうることは、めったにないであろう。したがって、かれの利害関係が求める公正な顧慮は、この種の変化が決して突然導入されてはならず、ゆっくりと徐々に、そしてきわめて長い間の警告ののちに、導入されるべきだということである。」

輸出奨励策への批判

さて、輸出にかんする第一の方策は、輸出奨励金制度である。スミスは、「奨励金なしでは行えないような貿易は、かならず損になる貿易に決まりきっている」という。イギリスでは、工業製品の輸出奨励金制度のまえに農業保護のための穀物輸出奨励金制度が行われていたが、農業を重視するスミスの観点からすれば、これは、いいことではないだろうか。スミスによれば、穀物輸出奨励金制度は、豊作の年に輸出を奨励するから国内市場で穀物価格を高く維持し、しかも不作の年の穀物不足を緩和する貯えをなくしてしまう。したがって、つねに穀価を高めに維持することになり、名目賃金を騰貴させる。このばあい、穀価も貨幣による名目価格であるから、貨幣である銀価値を低下させることを意味し、一般的な物価騰貴をまねく。スミスは、「ものごとの本質は、穀物に、人間の制度が変えることのできない実質価値を刻印しておいた。……その実質価値は、それが維持しうる労働の量に等しい」というのである。だから、穀物の名目価値が高くても、農業者は、同量の穀物でまえより多くの労働を維持しうるわけではなく、奨励金制度は、穀物栽培の促進という目的を達成しえない。スミスは、以上のように、主張するのである。

輸出にかんする第二の方策は、特定の外国と通商条約を結んで、一般には輸入を抑制している特定商品を、その条約締結国からのみ輸入を認めるものである。相手国に特恵を与えることでより多くを買ってくれることを期待するのであり、ポルトガルの背後にあるブラジルの金をねらってポルトガルとのあいだで結ばれた一七〇三年のメシュエン条約などがその例である。スミスは、こうした条約は、結局特定国の商工業者に独占権を与えることになり、自国の商工業者に不利になるし、そうしてもたらされた貴金属も大部分は、外国から消費財を購入するのに使われており、そうした迂回貿易よりは、自国産品で直接取引するほうが資本の節約になると、主張するのである。

輸出にかんする第三の方策は、戻税であるが、スミスは、これについては肯定的な評価を与えている。戻税の制度は、商品にすでに課された税を、輸出にさいして払い戻す制度で、特定の事業に資本を集中するような作用はなく、「社会のすべてのさまざまな事業のあいだに自然に確立している均衡を」破壊しないどころか、かえって「税によってその均衡がくつがえされるのを防ぐ傾向がある」というのである。

以上のように、スミスは、戻税をのぞいて、すべての貿易統制政策に批判的である。それは、国内の自然な産業構造をゆがめるし、他方、そうした政策によって多量の貴金属をもたらしても、物価騰貴をひきおこし、貨幣価値が下落するから、貴金属は自然に流出し、だれもそれをひきとめることはできないのである。こういう考え方を貨幣数量説というが、スミスの自由貿易論は、こうした考え方とも結びついていたのである。

「神聖な権利への明白な侵害」

スミスは、古代ギリシアやローマでは、人口問題解決のために植民地が必要であったが、「アメリカや西インド諸島におけるヨーロッパ諸国の植民地の建設は、なんら必要に根ざしたものではない」という。一四、五世紀に、ヴェネツィア人が、エジプト商人を媒介にして東インドの財貨をヨーロッパにもたらし、大きな利益をあげていたことが、ポルトガル、スペインその他の国の支配者と商人の欲望を刺激し、かれらを東インドとの直接交易のためのルート発見へとかりたてた。西インドとアメリカの発見は、その副産物であったが、最初の冒険者たちが原住民から掠奪してもち帰った黄金が、ヨーロッパの人びとの注意を西インドとアメリカに向けさせ、植民が開始された。だから、スミスは、つぎのようにいう。

「愚劣と不正、これこそが植民地建設の最初の計画を支配し指導した原理であったように思われる。すなわち、金銀の鉱山を漁り求めた愚劣がそれであり、ヨーロッパ人に危害を加えるどころか、最初の冒険者たちを親切に手厚く迎えた無辜《むこ》の原住民の国土を貪婪《どんらん》に領有しようとした不正義がそれである。」

植民はこうして始まったのだが、しかし、スミスは、「国土が荒蕪地《こうぶち》であるか、人口が稀薄で原住民が新来の定住者に容易に場所をゆずり渡すか、このいずれかによって占有された文明国の植民地は、他のどんな人間社会よりも急速に富と強大さに向かって前進する」という。こうした土地のえやすいところでは、利潤も賃金も高くなる事情についてはすでに見たが、ここでスミスは、入植者が、それぞれの母国の法と統治をもちこんで、それぞれ異なった植民地社会をつくることを観察するのである。たとえば、スペインやポルトガルの植民地では、マヨラッツォ権と呼ばれる独占的で譲渡を不可能にする長子相続権が導入されたし、フランスの植民地では、騎士保有や忠誠保有といった封建的な保有権が導入された。それらと異なって、イギリスの植民地では、植民地法で土地の独占を制限（一定期間に耕作・改良できなかった土地は、他人に授与された）したし、均分相続制をとるところもあらわれた（ペンシルヴァニア）し、長子相続権が認められているところでも、土地保有はすべて、譲渡が容易な自由鋤奉仕保有（騎士奉仕保有とは異なって、隷属的でも不名誉でもない一定の農事的奉仕を代償として認められる土地保有）権であった。また、貿易のし方も異なっていた。ある国は、自国の植民地貿易の全部を特定の会社に独占させた。他の国は、植民地との貿易を行う自国の港を一港に限定して、特定の時期に船団をくんだり、貿易を行う免許状に巨額の金を支払わなければならなかった。イギリスのばあいは、だれでも自由に植民地との貿易を行うことができた。こうした自由と比較的自由な土地保有と安い税金とが、イギリスの植民地がどこの国の植民地よりも繁栄している理由だと、スミスはいうのである。

もちろん、完全に自由であったわけではない。砂糖・タバコ・綿花・藍など、航海法などに列挙されている商品は、イギリスにしか輸出することができなかった。しかし、どこにでも自由に輸出できる非列挙商品にも、重要なものがあった。ただ、重要なことは、イギリスのアメリカ植民地と西インド植民地のあいだには、すべての商品について完全な貿易の自由が許されていて、一大国内市場を形成していたことである。

また、イギリス本国が植民地から輸入したものは、列挙商品のような原料・粗製品に限られていた。完成品やもっと精巧な製造品については、輸入を抑制したばかりか、植民地にそれらの産業が成長するのを阻止しようとすらしたのである。スミスは、一国民にたいして「かれらが自分たち自身の生産物のあらゆる部分から作ることのできるものを、作ることをすべて禁止するとか、自分たちの資本と勤労を、かれらが自分たちにとってもっとも有利だと判断するやり方で使用するのを禁止するというのは、人類のもっとも神聖な権利の明白な侵害である」と憤慨する。

しかし、貿易をのぞけば、イギリスのアメリカ植民地の社会には、自由と自治が確立していた。すでに人民の代表者の議会が成立し、植民地の人びとに課税する権利をもつものは、この議会のみだと主張していた。この議会は、イギリスの庶民院よりも、より平等な代表制に近づいていたし、より有権者の意向に影響されやすくなっていた。アメリカ植民地には、世襲貴族はおらず、イギリスの貴族院にあたる評議会も、人民の代表によって選ばれていた。スミスは、こうしたアメリカ植民地の社会を、「人びとは、母国でよりも平等で、共和主義的である」と見るのである。

植民地政策への批判

さて、スミスは、イギリスが植民地をもちその貿易を独占してきたことは、不自然に大量の資本を植民地貿易にふりむけることになり、各種産業間の自然的均衡を全面的に破壊してしまい、政治体を不健康なものにしてしまったという。「自然な大きさ以上に人為的に膨張させられてきた大きな血管、それを通じてわが国の産業と商業の不自然な部分が流通させられてきた大きな血管、それにほんのわずかでも停滞が起これば、その政治体にもっとも危険な無秩序をもたらす可能性がひじょうに大きい。したがって、植民地との決裂を予想することは、大ブリテンの人民に、かれらがかつてスペインの無敵艦隊やフランス人の侵入にたいして感じたよりも、大きな恐怖をともなった衝撃を与えた。」この指摘は、現在でも有効であろう。だれでも、自分の関係する産業の繁栄を願うから、たとえば、政府の軍備増強政策によって軍需産業が肥大してその産業で生活する人びとが多くなると、軍事費が国民生活を圧迫するようになっても、軍需産業を縮小することが簡単にはできなくなるのである。

スミスは、政治体の健康を回復するには、独占を許している法律を漸次的に廃止する以外にはないと考えるが、植民地にたいする権利の全面放棄の提案は、イギリス国民の誇りを傷つけるし一部支配者の利益にも反するから、受け入れられそうもないと考える。そこでスミスは、本書第一編で見たように、植民地の人びとに本国議会への代表選出権を与え、貿易の自由を与えて、税金を負担してもらう合邦を提案するのである。代表の数は、公収入への寄与に比例させればよいという。スミスは、アメリカの指導的な人びとに新しい重要な地位を与えて、かれらの自尊心を満足させることが紛争解決に重要だと考えたのである。しかし、植民地の人びとに参政権を与えることには反対論があった。イギリスの国制をそこなうというのである。それにたいしてスミスは、そこなうどころか完全にするといい、「帝国のあらゆる部分の問題について審議し決定する集会は、適切な情報をえるために、それのあらゆる部分からの代表をもつべきである」と主張した。他方、政治の中心

アメリカ独立宣言　1776年7月，アメリカ植民地13州の代表が集まって独立宣言を採択し，発表した。

から遠いために抑圧にさらされやすいのではないかというアメリカ側の心配にたいしては、かれらをあらゆる抑圧から保護するに十分な代表者数であるべきだし、それに、アメリカの富裕への進歩は急速だから、一世紀もたたぬうちにアメリカの納税額がブリテンのそれをこえ、帝国の中心はアメリカに移動するだろうというのである。ここに、国家についての、冷めた柔軟なスミスの思考を見てとることができるであろう。スミスは、この合邦が実現できなければ、思いきってイギリスは植民地から手をひくべきだと主張したのである。

さて、北アメリカについで東インドがイギリスの重要な植民地であった。ここでは、東インド会社が統治権をもち、利益をむさぼるためにそれを行使した。かれらは、ヨーロッパで売りさばける以上の生産物を焼却したり、特定分野の生産者を減少させたりするなど、破壊的な悪政をしいたのである。スミスは、「商人の会社というものは、自分が主権者になってしまってからでも、主権者としての自覚をもつことができない」と、東インド会社が統治権をもつことの不適当性を主張している。なお、東インド会社は、その職員たちが勝手に自分の商売ができたために、会社自体が破産に瀕するようになったこと、そうした職員たちの行動についてのスミスの言及は、すでにふれたからくりかえさない。

最後に、スミスは、『国富論』の第三版(一七八四)で「重商主義の結論」という一章を追加して、重商主義にかんする議論を総括した。そこでスミスは、重商主義政策を歴史的にふりかえりながら、それがいかに貧しい人びとに抑圧的であったかを告発している。貧しい女たちによって紡がれていた亜麻糸の輸入自由化についてのスミスの言及は、第一編で見たが、スミスは、原料輸出の禁止と輸入奨励の立法の歴史をたどり、「これらの法律は、ドラコ〔古代アテネの苛酷な執政官〕の法律のように、ことごとく血で書かれている」と書くのである。この部分の叙述は、マルクスの『資本論』の第一巻第二四章の有名な「血の残虐立法」の部分の叙述を想起させる。スミスの結論は、つぎのとおりである。

消費はすべての生産の唯一の目的であって、生産者の利益は、それが消費者の利益を促進するのに必要であるかぎりでのみ、留意されるべきである。しかし、重商主義体系においては、消費者の利益は、ほとんどつねに生産者の利益の犠牲にされており、この体系は、産業と商業の究極の目的が、消費ではなく生産と考えているように思われると。スミスは、この目的と手段の転倒には否定的である。

国家の役割

自然的自由の制度の維持　重商主義の政策と制度を完全に除去すれば、そこに姿をあらわすのは、単純な自然的自由の制度である。そこでは、「各人は、かれが正義の法を犯さないかぎり、かれ自身の利益をかれ自身のやり方で追求することを、完全に自由にゆだねられ、かれの勤労と資本を他のどんな人またどんな階級の人びとと競争させることも、完全に自由にゆだねられる。主権者は、私人の勤労を監視して社会の利益にもっと適合する事業に向かわせるという義務から、完全に免れることになる。」

スミスは、こうした自然的自由の制度のもとでの国家の役割を、国防、司法、個人の利益にはなりえない公共事業と公共施設の設立と維持の三つに限定する。つまり、だれもが特権をもたない、自律的な個人が、自分の幸福を求めてお互いに競いあう自然的自由の制度を維持するための条件整備が、国家の役割なのである。国家が以上の役割をどのように果たすか、またその費用はいかにあるべきか、『国富論』の最終篇である第五篇は、これらの問題の検討にあてられている。

国防について

国防の問題は、軍事力の形態と費用の問題である。したがって、社会の発展段階によって異なってくる。

スミスによれば、狩猟段階から農業段階までは、すべての人が戦士であった。ただし、定住が一般化した農業段階では、戦士はおもに成年男子であって、家族は居住地に残り、農業をまもった。戦士の費用は、自前だった。領主も家来をひきつれて自前で国王の軍務に服した。ところが、農工分離がすすむと、戦士が自前で従軍することは不可能になると、スミスはいう。「農夫が遠征に使用されても、それが播種期後に始まって収穫前に終わるのであれば、かれの仕事の中断は、必ずしも収入のかなりの減少を引き起こすことにはならないだろう。しかし、職人、たとえば鍛冶屋や大工や織布工だと、仕事場をはなれた瞬間、かれらの収入の唯一の源泉が完全に干上がってしまう。」だから、かれらが公共の防衛のために戦場に行くときには、戦費は公費でまかなわなければならない。

社会的分業の発展は、こうした傾向をいっそうすすめていくのであって、農耕における改良も、ついには農夫に従軍の閑暇を残さないようにしてしまう。しかも、商工業の発展は、人びとを非好戦的にする。他方、戦争の技術は、文明の進歩につれて、複雑なものへと発展する。軍事技術もまた、軍事が市民の特定の人びとの職業となったときにもっともよく発達する。ただ、他の職業における分業は、個人が自分の利益を追求するなかで、慎慮によって自然に導入されるが、「軍人という職業を他のいっさいの職業から独立した別個の一特殊職業となしうるのは、国家の知恵だけである。」スミスは、このようにいって、商業社会では常備軍制度が適当だとするのである。

当時のスコットランドでは、民兵制度復活論が強かった。一七四五年のジャコバイト反乱鎮圧後、武器を帯びることが、タータンのキルトなどの民族衣裳とともに禁止されたのである。しかし、五九年にフランスの海賊がスコットランド沖に現れた事件がきっかけになって、スコットランド国民軍をつくれという声がもえあがった。その実現のために、六二年にポーカー＝クラブがつくられ、スミスもその会員になった。ポーカーは火かき棒のことで、議論をかきたてるという意味でこの名がつけられたのだという。ヒューム、ケイムズ、ファーガスンらも会員であった。しかし、スミスは、『国富論』では常備軍制度を支持したため、ファーガスンらの批判をうけた。スミスは、火器の発明を境に、戦争と軍隊の性格が、兵士個人の技倆が重要であった段階から規律ある集団が重要な意味をもつ段階へと、変わったと見ていたのである。

実は、ファーガスンらの主張には、商工業の発達とともに衰えていく尚武の精神を、民兵制度で維持しようというねらいもあったのである。スミスも、このねらいには反対ではない。ただ、それは、民兵制度によるよりも、古代のギリシアやローマのように、軍事教練や体育訓練を国民に奨励するという、教育によるやり方のほうがよいと考えたのである。スミスは、市民一人一人が軍人精神をもっているところでは、常備軍は比較的小規模ですみ、外敵の侵略にたいする軍隊の作戦行動をやりやすくするが、他方、軍隊が不幸にして国家の憲法に反対するよう動かされるばあいには、市民がその行動を阻止するだろうという。当時、常備軍は自由にとって危険だという意見があったが、スミスは、「主権者がみずから将軍で、その国のおもだった貴族と郷紳が軍隊の重要な将校であるところでは、すなわち軍事力が、政治的権威の最大の分け前にあずかっているがゆえに、その権威の支持に最大の利益をもつ人びとの指揮下におかれているところでは、常備軍は、自由にとって決して危険なものとはなりえない」という。逆に、主権者に安心感を与え、しばしば主権者を抑圧的にする疑心暗鬼を不要にするから、自由にとって有利だと、いうのである。

司法について

国家の第二の役割は、司法である。まずスミスは、市民政府がいかにして司法的権威をもつに至ったかを歴史的に説明する。市民政府が司法的権威をもつのは、人びとの服従を前提とするが、服従をひき起こす原因を、スミスは、四つあげている。個人的資質、年齢、生まれ、財産である。法学の講義ノートにあった権威の原理と功利の原理は、『国富論』ではでてこない。これら四つの原因のうち、スミスが重視するのは、生まれと財産であるが、歴史的には、財産が先行すると見ている。

スミスによれば、政府は、社会の発展の第二段階である牧畜段階に発生した。財産の不平等が大きくなり、財産の安全をまもることが必要となったからである。その段階では、大きな財産をもつ者が、施しによって多くの人びとを従属させ、軍事的にも大きな力をもつ。中小の財産をもつ者は、大きな財産をもつ者に忠誠を誓って保護をうけるようになり、自然に階層秩序ができあがり、大財産をもつ者に行政権力をもたらす。ここに政府、つまり主権者が発生する。争いが生じたとき仲裁したり、侵害されたと感じたとき訴えることのできるのは、そうした人物であり、自然にかれに司法的権威をもたらす。時間の経過のなかで「高貴な生まれ」が意味をもつようになり、主権者にたいする人びとの尊敬と崇拝を強化する。

こうして裁判権をもつに至った主権者は、裁判にさいして、加害者に賠償させたほかに罰金をとったし、裁判を求める者は、裁判料を払い、有利な判決をうるために贈物をおくったから、裁判権は、ながいあいだ主権者の収入源になってきて、腐敗を生んできた。分業がすすんで、裁判が主権者の代官によって行われるようになっても、このことは変わらなかった。したがってスミスは、「裁判の公平な運営にこそ、各個人の自由、すなわち、自分は安全なのだという感じは依存する」といい、そのためには、司法権を行政権から分離するだけでなく、独立させることが必要だという。「裁判官は、行政権の気まぐれによってその職務からはずされる恐れがあってはならない。かれの俸給の規則正しい支払いが、行政権の好意あるいは経営の才に依存すべきではない。」このように、スミスは、司法権の財政的独立をも主張するのである。

スミスによれば、裁判の全費用は、法廷手数料でまかなうことができる。「裁判官という職は、それ自体ひじょうに名誉なものだから、ごくわずかの収益しかともなわなくとも、人はすすんでなりたがる」から、裁判の費用は全体としてわずかなものだというのである。規則で法廷手数料を決め、各訴訟の一定の時期にまとめて会計官に払い込ませ、結審後に、会計官がある決まった割合で各裁判官に配分するようにするとよいと、スミスはいう。「結審となるまでは裁判官に支払わないのだから、手数料は、法廷がこれを審議し、決定するのに一所懸命になるための、いくらかの刺戟となるだろう。」

公共事業と公共施設(1)
商業を助成するもの

公共事業と公共施設としてスミスがあげているのは、「社会の商業を助成するものと、人民の教育を振興するためのもの」である。ここでは、前者をとりあげよう。

商業を助成するものとしては、道路、橋、運河、港などの建設・維持がある。これらは、利潤を追求する私人の手にゆだねることはできないとしても、「社会の一般収入にはなんの負担もかけずに、それ自体の経費をまかなう」に十分な収入をあげるよう運営することができると、スミスはいう。たとえば、公道、橋、運河は、それらを利用する馬車や船に課する少額の通行税で建設も維持も可能だというのである。そのばあい、贅沢な馬車にかける通行税が「荷馬車などのような生活にかかせぬ用途の馬車にかけるばあいより、重さの割にいくぶん高く決められるなら、その国の各地

荷馬車（上）と上流階級に流行した四輪馬車

方すべての重い財貨の運送費を安くすることによって、金持ちの怠惰と虚栄が、ひじょうに容易なやり方で貧民の救済に役立たされるのである。」スミスは、こうしたところに、所得再配分機能をもたせる細やかな配慮を忘れない。

スミスによれば、事業自体からあがる収入以外の何かの収入で公共事業が行われるばあい、商業もほとんどない田舎に、ただ知事の別荘があるからというだけの理由で立派な公道がつくられたりするのである。これとそっくりの例が二〇〇年後の日本で生じた。国鉄が東海道新幹線を建設するさいに、ある有力政治家の要求で人口まばらな田舎に駅をつくったのがそれである。

スミスは、以上のように、公道などは、通行税といった目的税で建設・維持が可能であり、その管理は、政府が責任をもって行うべきだと、主張するのである。なお、ロンドンの街路の舗装と照明のように、その便益が特定の地域にかぎられているものについては、地方や州の行政機関にゆだねるのが望ましいと、スミスが、公共事業に地方分権の考え方を示していることにも留意しておきたい。

さらにスミスは、『国富論』第三版で、この公共事業を論じた第五篇第一章第三節第一項に「商業の特定部門を助成するために必要な公共事業および公的施設について」という一文を追加して、貿易会社と国家との関係を論じた。つまりスミスは、貿易一般を保護することは、国家の防衛の不可欠な任務の一部だが、特定部門の保護が必要になるばあいがあるという。野蛮未開な国や政治的に無秩序な国との貿易のばあいには、倉庫や商館に防護施設が必要になるし、秩序が保たれている国との貿易のばあいでも、現地でときに起こる争いごとを処理するために、大使、公使、領事などをおく必要があるというのである。その費用は、その特定部門への輸出入関税でまかなうのが適当であり、その徴収と管理は政府の責任だが、ヨーロッパの多くの国では、商事会社に請負わせており、そのためにひじょうに乱脈になっていると、商事会社と国家の関係を歴史的に解明して、スミスは、ここで重商主義批判の補強を行ったのである。

公共事業と公共施設(2)
教育を振興するもの

スミスは、大学の経費は、授業料でまかなうことができるという。大学が公収入や寄附財産に全面的に頼ることは、オクスフォードのように、教師を怠惰にするとして、スミスは反対する。もちろん、スミスは、教師を教会や文部大臣などの外部の権威に服させようとすることにも反対する。スミスによれば、この種の外部からの管理権は、わかりもせずに気まぐれに行使されがちで、教師を権威におもねる卑屈で軽蔑すべき人間にしてしまうのである。スミスは、教育機関の自治の擁護者なのであって、それが仲間のなれあいに堕しないために、競争原理をもちこむことを主張したのである。教師の給与の大半を学生の聴講料に依存させるべきだと主張したのは、そのためである。

他方、スミスは、「教師の値打ちや評判に関連させずに、学寮または大学に一定数の学生を押し込ん」だり、「人文諸学、法律、医学および神学における大学卒業者の諸特権が、ある大学に何年か在籍するだけでもらえる」制度にも反対する。また、スネル奨学金がスミスをベリオルにしばりつけたように、当時の奨学金など慈善的基金は、学生を一定の学寮にしばりつけるようになっていたが、スミスは、学生たちが学寮や指導教師を自由に選べるようにすることを主張するのである。そこには、つぎのような学生にたいする信頼があった。「学寮や大学の規律は、一般に、学生たちの便益のために案出されるのではなく……教師たちの安楽のために考えだされるものである。その目的は、どんなばあいにも、教師の権威を維持し、教師がその義務を怠ろうがやり遂げようが、学生たちが、教師にたいして、あたかもかれがその義務を最大の勤勉さと能力をもって果したかのように、ふるまうよう強いることである。しかしながら、教師たちがほんとうにかれの義務を果たしているばあいには、大部分の学生が、かりにもかれらの義務を怠るなどという実例はないと、わたくしは信じている。真に出席に価する講義には……出席を強制する規律など、およそ必要がない。……一二、三歳をすぎれば、教師がその義務を果たしているかぎり、強制または拘束は、教育のどんな部分を遂行するにも、その必要はまずありえない。」

当時の大学教育は、中流以上の人びとがおもに享受するものであったから、その費用は学生の授業料でまかなえるとしても、民衆の教育は、そうはいかない。労働者は、子供に初等教育すら受けさせる余裕をもたず、子供たちは、働けるようになるやいなや自分の食扶持《くいぶち》を稼がなければならなかった。すでにみたように、スミスは、法学の講義で分業が労働者を愚鈍にすることを指摘していた。『国富論』では、第一篇で分業が生産力を高めることをもっぱら強調していたスミスは、第五篇の民衆の教育を扱うところで、はじめて分業の有害性を問題にする。スミスは、分業のこの有害な影響を教育によって防止しようとするのである。

スミスによれば、「教育のもっとも基本的な部分である読み書き計算は、生涯のたいへん早い時期に修得されうるものであって、最低の職業を仕込まれることになっている人たちでさえ、その大部分は……それらを修得する時間をもっている。」だから、国家が、各教区、地区に学校を設立し、安い授業料で学べるようにして、全人民に教育を奨励し、あるいは義務づけていいというのである。これは、おそらく、もっとも早い国民教育論であろう。スミスは、ここでも、教師の給与を全額公費負担とすることには反対で、わずかでも授業料に依存させて勤勉を奨励しようとするのである。なお、スミスは、それらの学校で、読み書き計算のほかに幾何学と機械学の初歩を教えることをすすめている。スミスは、それらを「もっとも崇高な科学にとっても、もっとも有用な科学にとっても、等しく必要な入門である」と考えていたのである。

　このように、スミスは、民衆が思慮深い民衆として成長するのに必要な、最小限度の教育を保障することを国家に求めた。スミスは、民衆が、教育を受ければ受けるほど、熱狂や迷信にとらわれることが少なくなり、党派や反徒の利害を見抜く力も大きくなって、慎み深くなり、秩序を重んずるようになるというのである。『国富論』第一篇の総括にでてくる労働者は、公共の利益と自分の利益の関係も理解できない、判断能力のない労働者であった。しかし、ここでは、判断能力のある民衆への成長が展望されているのである。

国教会制度への反対

　最後に、スミスは、成人教育を宗教とのかかわりで論じている。ここでスミスは、大胆にも国教会制度に反対して、政教分離を主張し、聖職者たちの自由競争を主張している。スミスは、政治が宗教の助けを求めなければ、小宗派の乱立状態が現出すると考える。聖職者たちが信者をひきつけようと競争するなかで、ほとんど自分が孤独であることを知り、相互の尊敬と譲りあいの大事さを知り、教義自体が、しだいに背理、欺瞞、狂信から自由な、「純粋で合理的な宗教」になるだろうというのである。狂信などからの解放のほかに、もう一つ、小宗派の活動にスミスが期待するのは、田舎から都市にでてくる大衆の受皿になることである。人は、周囲の人びとに注目されているときには、自分の行動に気を配るものである。都会にでてきた名もなき人には、だれも注目しない。つい自分の行動をおろそかにし、低劣な道楽や悪徳に身をゆだねがちである。小宗派の一員になることで、そうした状況から脱却できると、スミスはいうのである。ほかにスミスは、「熱狂と迷信にたいする解毒剤」である科学と哲学の研究をさかんにすること、大衆の娯楽を「他人の中傷とか猥褻《わいせつ》に」ならぬかぎり自由にして、迷信と熱狂の温床になっている陰気な気分をふきはらってしまうことを主張している。

四つの租税原則

国防、司法、公共事業と公共施設の諸費用に、主権者の権威を保つための費用を加えたものが国家の経費であるが、それらは、どのようにして調達されるか。すでに見たように、司法費は法廷手数料で、公共の事業と施設の費用も、通行税のような目的税でかなりの部分がまかなわれる。高等教育も授業料で営まれる。したがって、それらをのぞいた必要経費が、国家の収入でまかなわなければならないことになる。

スミスによれば、国家が収入をえる方法は、独自の収入源をもつことと租税である。独自の収入源をもつこととは、国家が事業を営むことだが、「商人の性格と主権者の性格」ほど両立しないものはないし、それに事業収入は不安定である。地代収入の方が安定するが、私有地の方が改良がすすみやすいから、王領地や公有地があれば、公売に付した方がよい。したがって、スミスが国家の収入として考えるのは租税である。

スミスは、まず有名な四つの租税原則を確立する。第一は、各人の収入に比例した税という公平の原則、第二は、各人の納税額が確定的であって、支払い時期、方法、額が、だれにでもはっきりしていて、わかりやすいものでなければならないという確定性の原則、第三は、納税者に都合のよい時期と方法で徴収されなければならないという便宜の原則、そして第四は、徴収のための費用が最少になるよう工夫すべきだという最少徴収費の原則である。スミスは、この四原則に照らして、各種の税を、その社会的経済的なさまざまな効果を考慮しつつ検討するのである。

まず賃金への課税は、賃金は労働者のぎりぎりの生活費だから、賃金を騰貴させる。資本家は、それを商品価格に転嫁するから、結局は消費者の負担になる。利潤と利子への課税は、「資本の所有者は世界市民」だから、資本の国外逃避をひき起こしかねない。スミスが妥当とするのは、地代への課税である。地代の大きさに比例した税が、公平さの点でもっともすぐれており、不確定性と徴収費の減少のための工夫をすれば、国家の基本法とするのに適当だという。そのばあい、スミスは、契約更新時に地主が一時金をとったり、一定の耕作方法を強制したりといった悪習をともなう土地には重い税を、地主が一部自作しようとするばあいには奨励のために軽い税を、課するよう配慮することを主張している。

スミスがもう一つ妥当な税としているのは、奢侈品税である。スミスは、生命の維持に不可欠な財貨だけでなく「その国の習慣上、最下層の人でも名誉ある人間として、それなしには不体裁になるような財貨」を生活必需品とし、それへの課税には、賃金への課税と同一の作用をおよぼすとして反対する。奢侈品への課税は、たとえそれが貧民の奢侈品――タバコやビールは、富者と貧者に共通の奢侈品――であっても、賃金の騰貴をひき起こさないという。関税についても、独占の手段から、奢侈品中心の税制へと改めるべきだというのである。

スミスの公債論

スミスは、『国富論』第五篇の最終章を公債論にあてている。スミスによれば、商工業が発展し、主権者がその収入の大部分を奢侈品に使うようになると、非常時には、国民から借金をしなければならなくなる。他方、奢侈品を生みだすほどの商工業の発展は、国民の側に貸付能力を生みだしている。そして、商工業の繁栄は、いい統治のもとでのみ可能であり、そうした信頼できる政府であればこそ、国民は、非常時に自分の財産を貸してもいい気になる。ここでも、スミスは、発生史的である。

当初、政府は、私人のように、対人信用で借りていたが、やがて公収入の特定部分（減債基金、すなわち国債を漸次償還するために積み立てる基金）を抵当にして借りるようになった。一年か数年の短期間に元金と利子を償還するばあいは、まだよかった。まもなく、この基金を利子の支払いにあてるだけでいいと考える永久公債への借り換えが始まるのである。イギリスでは、一八世紀のジョージ一世の頃までに、永久公債への借り換えの慣行ができてしまった。スミスによれば、この慣行ができると、最小限の増税で最大限の資金を調達できるから、政府は、この制度を濫用しがちだし、国民は戦争の負担に鈍感になる。つまり、戦費が直接に増税という形で国民の肩にかかってくるばあいは、国民はすぐに戦争がいやになる。しかし、戦費が公債でまかなわれるばあいは、戦場から遠くはなれている大部分の人びとは、「戦争による不都合をほとんど感じないで、気楽に、かれらの陸海軍の戦果を新聞で読む楽しみを享受する。かれらにとってこの楽しみは、かれらが戦争のために支払う租税と平時に支払いつけてきた租税との、小さな相違をつぐなうのである。かれらは、ふつう平和の回復に不満である。平和の回復は、かれらのこの楽しみと、戦争のいっそうの継続が満たしてくれるかもしれない征服と国民的栄光という、限りない夢のような希望を終わらせるからである。」

スミスが『国富論』を書いていたとき、イギリスの国債はすでに巨額なものになっていた。にもかかわらず、アメリカ植民地との戦争に入ろうとしていたのである。この戦争について、スミスは、「これまでわが国が戦ったどの戦争にも劣らず金のかかるものだということがあきらかになるだろう」と書いた。そして、独立戦争終結後の第三版で「果たしてこの戦争は、これまでにわが国が戦ったどの戦争よりも金のかかるものであることがわかり、われわれは、一億ポンドを超える新たな公債を背負い込むことになった」と書いたのであった。『国富論』は、対アメリカ戦争の回避を、政治家と国民に説得することをねらいの一つとしていたのである。

しかも、公債で国民の貨幣を吸収して戦費にあてることは、「資本の機能を果たすものから収入の機能を果たすものへ」の振り替えなのである。戦費が租税でまかなわれるかぎりは、スミスのばあい、課税対象は地代と奢侈品だから、もともと不生産的に使用されるものが、戦争という別の不生産的用途に振り替えられるにすぎない。しかし、公債は、もともといずれかの生産的部門に投下されたかもしれぬ貨幣資本を吸収して、戦争という社会的浪費に振りむけるのである。しかも、公債の累積は、じわじわと増税をすすめる。スミスは、当時のイギリスの公債の累積にともなう増税が、地代と利潤という二大源泉を減少させ、地主と資本家の蓄積能力を損う点に達していると判断している。それゆえ、もう少しの負担ぐらい何とかなるという「過剰な自信をもつのはやめようではないか」と呼びかけるのである。

このままますすめば、国家の破産であるが、そうした破滅への道を回避するためには、公収入の大幅な増加が必要である。そのためには、アメリカ植民地やアイルランドを合邦して、現行税制を帝国全域に拡大するのがよいと、スミスはいうのである。ただし、東インドでは、横領と濫費の防止の方が先決だが。しかし、スミスは、この合邦案が多くの人びとの支持をえられないことを知っていて、「無用でも夢想的でもない新ユートピアぐらいにはみてもらえるだろう」と書いた。合邦によって、植民地の人びとに、帝国維持費の相応分を負担させることができなければ、残るのは、経費を大幅に減らすことだけである。それには、植民地を放棄（独立の承認）するしかない。破滅への道を回避するには、植民地を合邦するか、放棄するか、二つに一つしかない。「いまや、その決断のときである」と、スミスは、為政者に訴えて『国富論』を終えたのである。

スミスは、しばしば、資本主義の将来に楽観的であったといわれる。スミスが、当時、まだ萌芽にすぎなかった資本主義の矛盾を理論的に把握できなかったことは、たしかである。スミスには、資本主義という概念はない。しかし、スミスが楽観的に見ていたのは、資本主義という社会制度なのではなくて、自分の境遇を改善したいという欲求にもとづく努力を通じて、知的にも道徳的にも成長していく民衆の姿だったのではないだろうか。

III　スミスと現代

スミスと日本

ゆがめられたスミス

アダム＝スミスの『国富論』はいまから一四〇年以上前、明治維新よりも一〇年ほど前に、日本へもちこまれていた。これをもちこんだのはドイツ人医師のフォン＝シーボルトである。ただし、このころの日本はまだオランダをとおしてヨーロッパの文化を輸入していたし、『国富論』も英語の原書ではなく、ドイツ語訳のものだったから、どれだけの日本人がこれを理解できたかは分からない。

しかし間もなく、世界でもっともひろく通用しているのはオランダ語ではなく英語だということに気づいた日本の知識人は、蘭学から英学へとうつっていく。とくに経済学についてはイギリスからの輸入が圧倒的に多く、明治一〇（一八七七）年から三〇（一八九七）年までのあいだに翻訳された一八六冊の外国経済書のうち、四割近い七一冊はイギリスの本であった。そのうちの一冊が『国富論』で、明治一七（一八八四）年から二一（一八八八）年にかけて日本最初のその翻訳が出版されたのである。

明治の人びとは外国の地名や人名も漢字で書くことが多かった。アダム＝スミスには亜当斯密という漢字があてられていたが、この漢字をみてこれをアダム＝スミスとよめる人はいないだろう。『国富論』の最初の翻訳の書名も、『国富論』ではなく『富国論』であった。「富国」という言葉をきいてまず思いだすのは、明治政府のスローガンの一つであった「富国強兵」ではないだろうか。

この本をよんできた読者の皆さんは、アダム＝スミスがめざしていたのは富の増大であって、けっして、「強兵」（いまの言葉でいえば軍事大国）ではないということに、気づいていることだろう。その「富」も『国富論』とはいうけれども国家の富ではなく、正確にいえば、「国民（ネーション）の富」である。しかし日本では、福沢諭吉がいったように、「政府はあってもネーションはない」という状態であった。「国民の富」は「国家の富」へすりかえられ、そしてそれが「強兵」へ結びつけられていったのである。日本へもちこまれたアダム＝スミスは最初から日本的にゆがめられていたといってよいだろう。

スミスの自由主義

スミスの経済学は、「自由放任」主義というようにうけとられ、戦前の日本ではこの立場を支持する人は少数派であった。ヨーロッパやアメリカにくらべて工業化のおくれていた日本の場合には、自由放任の立場にたっていたのでは先進国に負けてしまうからである。この点ではドイツも同じであって、一八四一年に『政治経済学の国民的体系』という本をあらわしたフリードリッヒ＝リストは、スミスの経済学は最先進国のイギリスにはあててはまるけれども後進国のドイツにはあてはまらないといって、自由主義に反対して保護主義をとなえた。ドイツよりももっと後進国であった日本の場合には、なおさらそうだったのであり、明治二〇年代からリストをはじめとして、ドイツの経済学の書物の翻訳がしだいにふえはじめていった。

しかしスミスの経済学をたんに「自由放任」主義とみることは正しいのだろうか。たしかにスミスは政府の干渉に反対し、すべての人が自分の利益を追求するのにまかせておけば「見えざる手」の導きによって社会の調和と発展が実現すると信じていた。しかしそれはけっして世の中のことはすべて放任しておいてよいという意味ではない。スミスの自由主義といわれているものについて、つぎの二つの点について、とくに注意しておくことが必要であろう。

第一に、スミスの自由主義は重商主義という誤った学説や政策に反対してたたかうという積極的な内容をもつものであった。それはその当時のイギリスにおいては一つの社会改革を意味していた。自由放任というのはけっして世の中を成り行きにまかせておくということではなく、自由を妨げている不正をとりのぞく改革のことなのである。スミスの考えでは、重商主義政策によって利益をえているのは特権的な商人や生産者たちであって、そのために消費者の利益が犠牲になっているのである。しかし生産のほんとうの目的は生活を豊かにすることにあるのであって、経済の運営は消費者の利益のためにおこなわれなければならないのだ。政府の不当な干渉をやめよというスミスの主張は、消費者の利益を犠牲にした生産者保護政策をやめよということであり、経済の運営を生産者中心から消費者中心へときりかえよということなのである。スミスの自由主義をこのような意味で理解すれば、これを現在の私たちにとっても大切な教訓をふくんでいるといってよいであろう。

第二に、スミスの自由主義はみんなが勝手なことをしてよいという意味ではない。他人のものをとったり、他人をだましたりして自分ひとり金もうけをするというような「自由」は、スミスのいう自由主義とはまったく無縁のものである。スミスの経済学の特徴は自由主義であるとともに、もうひとつ、利己主義であるととらえられているが、この利己心も他人を犠牲にして自分ひとりよければよいという意味の利己主義ではない。スミスについての研究が『国富論』だけにとどまらず『道徳感情の理論』にまでひろがってくると、『国富論』で主張されている利己心と『道徳感情の理論』で主張されている共感という考え方とは、矛盾しているのではないだろうか、もし矛盾していないとすれば利己心と共感とはどういう関係にあるのだろうか、ということが問題とされるようになってきた。学界ではこれを「アダム＝スミス問題」と呼んで、多くの学者がそれぞれの解釈をくだしていたが、日本でも昭和一〇年代にこの問題がとりあげられるようになった。

自由主義・民主主義の原点

しかし、よく考えてみると、共感というのはけっして他人にたいする同情ではない。同情ならば利他的な感情であって、利己心と矛盾するかもしれないけれども、共感は同情ではなく、「公平な観察者」の共感がえられるように自分自身の行動をきめていくという社会生活の原理なのである。さらに「公平な観察者」というものも、自分のそとにいるわけではなく、「公平な観察者ならばこういうふうに見るだろう」と自分で判断するのだから、じつは自分のなかにいるのであり、いわば自分の「内なる人」、「良心」なのである。そしてこの「良心」の命令にしたがって行動していくときにはじめて社会生活がなりたつのであって、利己心もまたそういう社会生活のなかではじめて社会を動かす力となるのである。

他人を殺したり傷つけたり、他人のものをとったりする行為は、法律によって罰せられなければならない。そこでは正義という原理がはたらく。そのうえにたって、共感の原理にもとづいて、社会生活がいとなまれていく。各人が自分の利益を自由に追求せよというスミスの自由主義は、以上のような正義と共感という二つの原理に支えられ、これを前提としてなりたっていたのであった。現代風にいいなおせば自由主義の基礎には民主主義があるといってもよい。

昭和一〇年代といえば、日本がすでに一五年戦争に突入し、軍国主義の思想が国民におしつけられていた時代であった。自由主義も民主主義もおしつぶされ、「お国のために命をささげる」ということが最高の美徳とされた時代であった。この暗黒の時代に、少数ではあったけれども軍国主義に反対していた人びとのなかでスミス研究がむしろ活発になり、自由主義と民主主義を守ろうという呼びかけがスミス研究をとおしておこなわれていたのである。戦争が終わって軍国主義から自由と民主主義の社会へと、時代は変わった。しかし現代の日本においても、スミスが説いたような社会生活の原理がほんとうに定着しているかどうかは疑問である。スミスの説いたような自由主義や民主主義がそのままの形で現代にも通用するとは考えられないけれども、しかし現代における自由主義や民主主義の問題を考えるときに、やはりその原点を確認する必要はつねにあり、そしてそこではスミスが必らず浮かびあがってくるはずである。

スミス研究の意義

戦後になってスミスはあらためていろいろな角度からとりあげられるようになったが、そのうちの若干のものにふれておこう。

経済学を考え直す対象

日本では世界でもトップクラスのスミス研究がおこなわれている。外国の学者のなかには、どうして日本の学者はスミス研究にこれほど熱心なのかと不思議に思う人もいるくらいだし、日本の学者でも経済学の新しい理論を研究している学者からは、いまさらスミスでもあるまいという声がきこえてくる。こういう疑問にたいする一つの答として、スミスをマルクス経済学あるいは近代経済学の成立史のなかにおいてみるという研究がかなり活発におこなわれている。日本ではとくにスミスからマルクスへという線をたどろうという傾向がつよいが、イギリスやアメリカでは近代経済学の源流としてのスミスというとらえ方が多い。しかしいずれにせよ、このようにスミスをとらえていくと、スミスの経済理論の未熟さ、あるいは混乱が、強調されることになりやすい。たとえば、本書のなかでも指摘されているが、スミスは資本の利潤というものをうまく説明できなかったのである。マルクスは利潤を剰余価値として説明することができた。だからスミスはマルクスにおよばなかったのであり、そういう角度からみると、スミスはどのくらいマルクスから遠いか、そしてスミスからリカードをとおって、どのようにしてマルクスへ近づいていったのか、ということが研究の対象になる。

じつはこういう研究はマルクス自身がすでにやっていたのであって、マルクスはスミスだけでなく彼自身より以前の経済学の本をかたっぱしからよんで、この本のここは本当だけれどもここは間違っているとか、まだこういう点には気がついていないとかということをノートに書きためて、そのうえで自分の理論をつくりあげたのであった。だからマルクスの理論を正しいと思う人は、わざわざマルクス以前にさかのぼらなくても、出来あがったマルクスの理論だけ勉強していればよいのである。

そうなると、未熟な経済理論にすぎないスミスをいまさら勉強することは無意味ではないか、ということになってしまうのだが、果たしてそうだろうか。私はそうは考えない。なぜならマルクスの理論にせよ、ケインズなどの近代経済学の理論にせよ、けっして完成したものとはいえないからである。もしマルクスやケインズの理論が一〇〇パーセント完全なもので、それで経済のことは全部説明できるということであれば、それ以外の理論を勉強する必要はないであろう。しかし、どんな学問であっても一〇〇パーセント完全ということはない。とくに社会科学の場合には、それが対象とする社会そのものが絶えず変化しているのだから、いままでの理論では説明できないことがつぎつぎとあらわれてくる。あるいは、ある理論（たとえばケインズの理論）を実際の経済政策に応用してみると、予想していなかったような結果がでてしまうということもある。そういうときには、この理論がどういう状況のもとでつくりあげられたのか、この理論のもとになっているのはどういう理論か、ということをたどってみることが必要になってくるだろう。

ちょうど自動車がスムースに走っているときには部品を点検する必要はないけれども、故障がおこるとオーバーホールの必要が生ずるのと同じようなものだ。現代の経済学がオーバーホールを必要とするほどゆきづまってしまっているかどうかは、人によって意見は分かれるだろうけれども、どうもうまく現実を説明できていないし、実際の政策をたてるうえでも役にたたなくなっているという意見はかなりつよい。京都大学の佐和隆光教授は『経済学とは何だろうか』（岩波新書）という書物のなかで、こんご経済学が化石化して役にたたなくなるという公算はすこぶる大きいと書いている。マルクス経済学についてもその基礎にある労働価値説はいまでも通用するのかという疑問がだされている。

そういうときに私たちはもう一度経済学の出発点にもどって考えてみる必要があるのではないだろうか。経済学という学問はどういう時代に、どのような社会のなかで、どういう目標をもって、生まれてきたのだろうか。この学問の土台になっていた人間観や哲学はどういうものだったのだろうか。時代が変わり、社会も変わっているのだから、昔つくりだされた理論がそのままいまも通用することがないということは当然だけれども、そこから経済学というものについての考え方を学ぶことができるだろう。アダム＝スミスは出発点にたちもどって経済学というものを考え直すためのもっともよい対象なのである。

「富」の道と「徳」の道

もう一つ、アダム＝スミスが現代の私たちに投げかけている問題がある。本書第一編の第三章でのべたように、スミスの時代のスコットランドは、イングランドに合併されてから急速に経済の発展がはじまった時代であった。しかしスコットランドの人びとはこの経済発展を手放しでよろこんでいたわけではない。合併によってスコットランドは独立国ではなくなり、昔からつづいていた王室も議会も失ってしまった。これに反対して反乱をおこしたジャコバイトの人びとはイングランド軍によってうちまかされ、多くの人びとが虐殺された。

それだけではない。経済が発展すれば生活は豊かになるけれども、人びとは金もうけに夢中になり、人間を大切にする気持ちが失われていく。分業がひろがれば労働は単純化され、人間は機械の部品のようになってしまって生き甲斐も見失われていく。経済的な豊かさ（富）だけをもとめて、人間らしい生活（徳）を失ってよいのだろうかという「富と徳」という問題が、スミスの時代のスコットランドの人びとにとって大きな問題であった。

これはいまの日本にとっても大きな問題である。第二次世界大戦が終わったとき、戦争に負けた日本はいたるところ焼野原となり、食糧もなくて餓死者がでるありさまだった。こういう貧しい状態から日本は経済の復興につとめ、とくに一九六〇年代からは「世界の奇跡」といわれるほどの高度経済成長をなしとげ、いまでは経済大国となった。しかしこういう物質的な豊かさとひきかえに、私たちはなにか大切なものを失ってしまったのではないだろうか。それはひとことでいえば人間を大切にする気持ちである。金もうけのためであれば他人をおしのけ、美しい自然をも破壊し、なかには平気で人を殺すことさえある。政治は腐敗し、弱者きりすての政策が強引にすすめられている。受験地獄で灰色の青春をすごさなければならない。経済の高度成長はほんとうに私たちに幸せをもたらしたのだろうかと疑う人びとは、けっして少なくない。

話をスミスへ戻そう。スコットランドの経済発展を疑いの目でみていた人びとは道徳哲学や歴史学を勉強して、豊かさがもたらす弊害をなんとか食いとめようとした。人びとの道徳心や知識が向上すればそれも可能だと考えられたからであり、また社会の歴史を勉強すれば経済発展にともなう弊害を避けながら社会が進歩していく別の道が見つかるかもしれないと考えたからである。こういう立場にたつ人びとのことをスコットランド啓蒙学派あるいはスコットランド歴史学派というが、これらの人びとによってスミスの時代のスコットランドでは、「文芸復興」とよばれるほど活発な学芸がおこったのである。

スミスもまたこの学派のなかの一人であった。しかしスミスはこの学派のほかの人びととちがって、道徳哲学の研究、歴史の研究をすすめたのちに、そこにとどまらないで経済学の研究にはいっていった。それはまさに「富」の道であった。それではスミスは「徳」の道を捨てて「富」の道におぼれてしまったのだろうか。

スミスによってその基礎をおかれた経済学が「富」の道へまっしぐらにすすむようになったことは事実である。経済学の中心問題はどのようにして富を増進させるかという生産力の理論におかれるようになった。もちろん、やがて、どんなに生産力が発展しても、富の分配がうまくいかなければ、「豊富のなかの貧困」という問題が生ずるということに人びとは気づくようになり、生産とともに分配が経済学の大きな問題となり、さらには分配関係を変えるだけではうまくいかないのであって生産の関係そのものを変えなければならないというマルクスの革命理論もあらわれるようになる。

しかし、マルクスの場合もふくめて、経済発展という問題が経済学の中心にすわっていることに変わりはない。そしていまの日本のように、経済発展がさまざまな問題を生みだすようになってくると、経済学のあり方そのものが疑われ、そのもとを築いたスミスが疑われるようになるのである。極端なことをいう人は、生産力を重視することは経済学の「原罪」であり、それはスミスが「富」の道という「禁断の実」を食べたことに始まるとさえいう。

しかしほんとうにそうなのだろうか。そこでこの本を読んでくださった皆さんにつぎの三つの問題を考えていただくようお願いして、結びとしたい。

第一に、スミスは生産力の発展だけを目標としていて、そこから生ずるさまざまな弊害に気づいていなかったのだろうか。もし気づいていたとすれば、それにたいしてどういう対策を考えていたのだろうか。そして私たちはスミスが考えていたような対策で十分だと考えてよいのだろうか。

第二に、もっと根本的な問題として、物質的な豊かさや生産力の発展は、つねに必らず弊害を生みだすものなのだろうか。「富と徳」とを両立させることはできないのだろうか。もし両立させることが不可能であるとするなら、どの程度の貧しさに満足し、どの程度に生産力の水準をとどめておけば、「富と徳」とを両立させることができると考えられるのだろうか。

第三に「富と徳」とを両立させることができるとすれば、そのためにはどういう条件が必要なのだろうか。スコットランド啓蒙学派の人びとが考えたように、道徳心や知識の向上だけで「富と徳」とは両立するのだろうか。スミスが投げかけているこういう大きな問題を考えることによって、スミスについて学ぶことの面白さが分かってくるにちがいない。

あとがき

本書の執筆を共著者の浜林正夫教授に薦められてから、一〇年近い歳月が過ぎさってしまった。脱稿がかくもおくれたのは、本書執筆の話があった頃から欧米諸国でスミス研究文献が急増したことにもよるが、主としてわたくしの力量不足と怠惰のせいである。そのために浜林正夫教授と清水書院にはたいへんな迷惑をおかけしてしまった。心からおわびを申しあげたい。とくに浜林教授には、第三編の「スミスと現代」を執筆いただいて本書全体のまとめをしていただいたが、結局はわたくしのスミス像を教授に押しつけたことになってしまったのではないかと、恐れている。

当然のことながら、本書を執筆するにあたって、わたくしは、翻訳もふくめてスミス研究の先学たちの業績から多くを学ぶことができた。いちいちお名前をあげることはしないけれども、深い感謝の気持ちを記しておきたいと思う。ただ、わたくしがとくに多くを学ばせていただき、ときによろけそうになったときによりかからせていただいた業績は、お名前をあげることはご迷惑かもしれないけれども、水田洋教授の一連の業績であったということを記し、感謝の気持ちを表すことを許していただきたい。もちろんそれらの業績をどこまで消化しえたかは、わたくし自身の胃袋の問題であることはいうまでもない。

最後に、本書執筆の機会を与えてくださった浜林正夫教授、しんぼうづよく脱稿を待ってくださった清水書院の方々、とりわけ最後の一年毎月電話で原稿を催促してくださった清水幸雄氏と編集の労をとってくださった徳永隆氏、これらの方々にはここで厚く御礼申しあげたい。来る一九九〇年は、スミス死後二〇〇年の記念すべき年である。世界各地でさまざまな記念行事が行われるであろう。これは、図らずもであるが、この小著の刊行で、わたくしは、わたくしなりにスミス死後二〇〇年を記念する事業に参加することになった。感慨深いもののあることを記して、ペンをおきたいと思う。なお、本書を執筆するにあたっては、すでに書いたように、第三編の「スミスと現代」の執筆を浜林正夫教授に分担していただいた以外はすべて、その執筆を鈴木が分担した。

鈴木　亮

一九八九年八月二日

アダム＝スミス年譜

西暦	年齢	年譜	参考事項
一七二三		スミス、スコットランドのカーコールディに生まれる。誕生日は、不明だが、洗礼日は6月5日。	ファーガスン、ブラックストーン、ドルバック生まれる。スコットランドで、農業知識改良者協会創立。
二四	1		マンデヴィル『蜂の寓話』（第三版） カント生まれる。 デフォー『大ブリテン紀行』（〜二七）
二五	2		ハチスン『美と徳の観念の起源』
二六	3	ストラセンリ城の近くでジプシー女にさらわれたが、すぐに助けられる。	スウィフト『ガリバー旅行記』
二七	4		スコットランドで、製造業委員会設立、亜麻布製造業振興。 テュルゴ生まれる。
二八	5		デフォー『イングランド経済の構図』 チェンバーズ『百科辞典』
二九	6		バーク生まれる。
三〇	7	おそらく、この年、カーコールディの市立学校に	

一七三一	8	入学。	デフォー死去。「ジェントルマンズ－マガジン」創刊。タル『馬耨農法』
三三	10		ケイ、飛び梭を発明。ヴォルテール『哲学書簡（イギリス便り）』ポープ『人間論』（〜三四）
三四	11		ギボン生まれる。ヴァンダーリント『貨幣万能論』モンテスキュー『ローマ人盛衰原因論』
三五	12		エディンバラ技術・科学・農業奨励協会設立。ミラー生まれる。リンネ『自然の体系』
三六	13		密輸犯処刑にからむポーティアス暴動おこる（エディンバラ）。
三七	14	11月、グラスゴー大学に入学（〜四〇）。	ペイン生まれる。
三九	16		対スペイン戦争（「ジェンキンズの耳」

			戦争）始まる（～四八）。
一七四〇	17	グラスゴー大学卒業。スネル奨学金をえて、オクスフォード大学のベリオル=コリッジに入学（～四六）。	エディンバラ哲学協会設立。 ボズウェル生まれる。 オーストリア継承戦争おこる（～四八）。 リチャードスン『パミラ』（～四一）
四一	18		ヒューム『道徳・政治論集』（～四八）
四二	19		ウォルポール内閣倒れ、植民地獲得戦争本格化。アメリカ・インドでフランスと交戦。
四三	20		ギルバート=ステュアート生まれる。 コンドルセ生まれる。
四四	21	バチェラー=オブ=アーツの学位を取得。	ジョージ王戦争、第一次カルナーティク戦争。 ヘルダー生まれる。
四五	22	ジャコバイトの反乱おこる（～四六）。	スウィフト死去。
四六	23	ベリオルを去り、カーコールディに帰る。中途退学。	ハチスン死去。 ディドロ『哲学的思索』
四七	24		リチャードスン『クラリッサ・ハーロー』
四八	25	ハミルトンの詩集の「序文」や「天文学史」を書く。	ケイムズ卿『ブリテン古事論集』 オーストリア継承戦争終わる。

		秋からエディンバラで公開講義を行う(~五二)。	ベンサム生まれる。 モンテスキュー『法の精神』 ヒューム『人間悟性論』 ラ=メトリ『人間機械論』
一七四九	26	スネル奨学金を辞退。	ダービー父子のコークスによる製鉄法が普及し始める。 ゲーテ生まれる。 フィールディング『トム・ジョーンズ』 ビュフォン『博物誌』(~一八〇四)
五一	28	1月、グラスゴー大学論理学教授に任命され、就任講演「観念の起源」をラテン語で行う。 10月、母と従姉ジャネット=ダグラスを伴って大学の宿舎に移る。	ヒューム『道徳の原理』 ディドロ、ダランベール『百科全書』(~七二) ケイムズ卿『道徳と自然宗教の原理』 ヴォルテール『ルイ14世の世紀』
五二	29	担当教授病気のため、道徳哲学の講義を開講。 道徳哲学の教授の席に移る。論理学教授の後任にヒュームを推したが、失敗に終わる。 グラスゴー文学協会とエディンバラ哲学協会の会員となる。	ヒューム『政治論集』
五三	30	文学協会でヒュームの『政治論集』中の「商業について」に関する報告を行う。	大英博物館創設決定(開館は五九年)。 デューガルド=ステュアート生まれ

			る。 ウォーレス『古代と近代の人口』
一七五四	31	エディンバラの選良協会の創立に参加。	ヒューム『イングランド史』（〜六二）
五五	32	友人たちと「エディンバラ評論」を創刊し、ジョンスンの『英語辞典』の書評を書く。	リスボン大地震、死者三万という。 モンテスキュー死去。 ジョンスン『英語辞典』 ルソー『人間不平等起源論』 ハチスン『道徳哲学体系』（遺稿）
五六	33	「エディンバラ評論」第二号に「編集者への手紙」を寄稿し、ヨーロッパの学芸を展望。「評論」は、この号で終刊となる。	七年戦争始まる。 ワット、グラスゴー大学に仕事場を与えられる。 ゴドウィン生まれる。 「クリティカル-レヴュー」、「リテラリ-マガジン」創刊。 バーク『自然社会擁護論』 ヴォルテール『リスボンの災害』
五七	34	学生の食料（オートミール）への課税に反対して市長と交渉。	バーク『崇高と美の観念の起源』
五八	35	大学の財務委員となる（〜六四）。	ケイムズ卿『歴史的法律論集』 ケネー『経済表』（原表）
五九	36	4月、『道徳感情の理論』を出版。	キャロン製鉄所設立。

		夏に、政治家タウンゼンドと会い、バックルー公の家庭教師となる約束をする（?）。	ロバートスン『スコットランド史』 「アニュアル-レジスター」創刊。 ヴォルテール『カンディド』
一七六〇	37	人文学部長となる（〜六二）。 ジョージ三世即位に際し、大学の依頼により祝辞を起草。	ケイムズ卿『公正の原理』 スターン『トリストラム・シャンディ』（〜六七）
六一	38	『道徳感情の理論』第二版刊行。 校務で初めてロンドンに行く。このときジョンスンに会う。	ミラー、グラスゴー大学市民法教授となる。 課税をめぐってアメリカ植民地との間に紛争おこる。 奴隷貿易反対運動始まる。 リチャードスン死去。 ルソー『新エロイーズ』
六二	39	副学長となる（〜六三）。法学博士の学位を与えられる。 モスクワ大学からデスニッキーとトレチャコフがスミスのもとに留学。 ポーカー-クラブ（スコットランド民兵創設運動）に参加。	ヴォルテール、カラス事件の再審請求運動始める。 ゴールドスミス『世界市民』 ケイムズ卿『批判要論』 ルソー『社会契約論』『エミール』
六三	40	秋、タウンゼンドから、バックルー公の大陸遊学に家庭教師として付き添う約束の履行を求	七年戦争終わる。 ウィルクス、国王の議会開会演説を

		められて承諾。	批判。ウィルクス事件始まる。ヴォルテール『寛容論』ミラボー『農業哲学』(~六四)ケネー『経済表』(略表)
一七六四	41	1月、バックルー公とフランスに渡る。パリを経てトゥールーズに行き、ここに一年半滞在。『道徳感情の理論』の最初のフランス語訳刊行。	ハーグリーヴズ、ジェニー紡績機を発明。ファーガスン、エディンバラ大学道徳哲学教授となる。リード『人間精神の研究』ヴォルテール『哲学辞典』ベッカリーア『犯罪と刑罰』
六五	42	8月末、トゥールーズを出発、各地をまわったあと、ジュネーヴにヴォルテールを訪問。	再審により、カラス名誉回復。ワット、蒸気機関の改良。ブラックストーン『イングランド法釈義』デュポン=ドゥ=ヌムール編「農業、商業、財政雑誌」(~六七)ヴォルテール『歴史哲学』
六六	43	1月(?)、パリに入り、フランス社交界の歓待を受け、ケネー・テュルゴらと交友。11月、帰国。ロンドンで『道徳感情の理論』第三版の校訂と	マルサス生まれる。ゴールドスミス『ウェイクフィールドの牧師』

		『国富論』執筆のための研究に従事。	テュルゴ『富の形成と分配にかんする省察』(刊行は六九～七〇)
一七六七	44	5月、カーコールディに帰り、『国富論』執筆のための本格的な準備にとりかかる。 『道徳感情の理論』第三版(付録に「言語起源論」)刊行。 王立学会会員に推薦される。	ステュアート『政治経済の原理』 ファーガスン『市民社会史』 ケネー『経済表』(範式) メルシエ=ドゥ=ラ=リヴィエール『政治社会の自然的・本質的秩序』
六八	45		アークライト、水力紡績機を発明。 クック、世界探検旅行(～七一)。 スターン『感情旅行』 『エンサイクロペディア-ブリタニカ』刊行開始(～七一)。
六九	46		ワット、蒸気機関の特許を取得。 ロバートソン『カール五世史』 ファーガスン『道徳哲学要綱』 「パブリック-アドヴァタイザー」に「ジューニアスの手紙」連載(～七二)。
七〇	47	エディンバラ市の名誉市民に推される。 『道徳感情の理論』の最初のドイツ語訳刊行。	ワーズワース生まれる。 ヘーゲル生まれる。 バーク『現在の不満の諸原因』 ドルバック『自然の体系』

一七七一	48		アークライト、機械紡績工場開設。 スコット生まれる。 スモリット死去。 ミラー『社会における階級区分について』 スモリット『ハンフリ-クリンカー』
七二	49	東インド会社に対する議会の特別監査委員会の委員に推されたが、委員会設置法案が廃案となる。 金融・商業恐慌でバックルー公ら友人の関係していたエア銀行破産。バックルー公らを助けて処理にあたる。 研究のための過労で、健康を害する。	リカード生まれる。 プライス『公債問題について大衆に訴える』 エルヴェシウス『人間論』 ディドロ『ブーガンヴィル航海記補遺』
七三	50	4月、ほぼできあがった『国富論』の草稿をもってロンドンに出発。衰弱がひどく、ヒュームを遺言執行人に指名。	ドルバック『社会の体系』 ゲーテ『ゲッツ-フォン-ベルヒリンゲン』(シュトルム-ウント-ドランク時代の開始)
七四	51	王立学会に正式に入会。 『道徳感情の理論』第四版刊行。また、この年、新しいフランス語訳刊行。	ウィルクス、ロンドン市長となる。 ウィルキンスン、中ぐり施盤発明。 ブラック、潜熱を、プリーストリ、酸素をそれぞれ発見。 アメリカ、第一回大陸会議で権利宣

			言を発表。
一七七五	52	ジョンスンの文学クラブに入会。	ゴールドスミス、ケネー死去。 ヤング『政治算術』 タッカー『政治経済四論』 ケイムズ卿『人間史素描』 ゲーテ『若きヴェルテルの悩み』 アメリカ独立戦争開始。 ワット式蒸気機関第一号完成。
七六	53	3月9日、『国富論』刊行。 4月ごろ、カーコールディに帰る。 『国富論』の最初のドイツ語訳（～七八）。	7月、アメリカ一三州、独立宣言。 ヒューム死去。 ベンサム『統治論断章』 ギボン『ローマ帝国衰亡史』（～八八） ケイムズ卿『地主農業家』 プライス『市民的自由』 ペイン『コモン - センス』
七七	54	ヒュームの『自伝』に「出版者あての手紙」の形で書いた「あとがき」のため、宗教界から攻撃される。 1～10月、『国富論』第二版の準備でロンドンに滞在。	ロバートスン『アメリカ史』 アンダースン『穀物法の性質にかんする研究』
七八	55	スコットランド税関委員に任命される。 エディンバラに、老母・従姉・甥のデイヴィッド=	ヴォルテール、ルソー死去。

年	年齢	事項	参考事項
一七七九	56	ダグラスとともに定住。 スコットランド税関委員に就任。 ブラックらとオイスター‐クラブを結成。 『国富論』第二版刊行。フランス語訳、雑誌連載。 『国富論』デンマーク語訳。	ギルバード=ステュアート『ヨーロッパ社会の展望』 ラヴォアジェ『燃焼の理論』 クロンプトン、ミュール紡績機発明。 アイルランドで自由貿易要求運動激化。 ヨークシャー連合運動始まる。 ヒューム『自然宗教にかんする対話』 ギルバード=ステュアート『スコットランド公法および国制史』 レッシング『賢者ナータン』
八〇	57	『国富論』イタリア語訳。	ロンドンでゴードン暴動。 アイルランドのグラタン議会の自由貿易要求に譲歩し貿易制限撤廃。 カートライトら、憲法知識普及協会創立。 ブラックストーン、ジェイムズ=ステュアート死去。 プライス『イングランド人口にかんする一試論』

一七八一	58	『道徳感情の理論』第五版刊行。 エディンバラ市警備隊の名誉部隊長となる。	ギルバード=ステュアート『スコットランドにおける宗教改革の確立』 ケイムズ卿『教育への提言』 オーグルヴィ『土地所有権論』 タッカー『市民政府論』 カント『純粋理性批判』 シラー『群盗』 ペスタロッチ『リーンハルトとゲルトルート』（～八五）
八二	59	4ヵ月の休暇をとり、『国富論』第三版を大幅に増補改訂するため、おもにイングランドの独占的貿易会社の歴史的研究を行い、草稿を作成。	第二次ロッキンガム内閣のもとで、バークの財政改革の提案実る。 ケイムズ卿死去。
八三	60	エディンバラ王立協会設立のために尽力。	プリーストリ『キリスト教腐敗史』 アメリカ独立戦争終わる。 ファーガスン『ローマ共和国の発展と終末』 ブレア『修辞学講義』
八四	61	『国富論』第三版刊行。初版と第二版への「追加と訂正」を別冊として刊行。 母、九〇歳で死去。	コート、パドル製鋼法完成。 ピットのインド法成立。 ディドロ、ジョンソン死去。 ヘルダー『人類史の哲学』（～九一）

一七八五	62		カートライト、力織機を発明。 デューガルド=ステュアート、エディンバラ大学道徳哲学教授となる。 ペイリー『道徳・政治哲学の原理』 リード『人間の知的能力』 カント『道徳形而上学原理』 ヴォルテール『全集』(ケール版) イーデン条約(英・仏間通商条約)。 バーンズ『おもにスコットランド方言による詩集』
八六	63	『国富論』第四版刊行。 この年から翌年にかけて、はなはだしく健康を害する。	カント『自然科学の形而上学的基礎』 奴隷貿易廃止協会設立。
八七	64	4月、医師の診察をうけるためにロンドンに行く。出発にあたり、親友ブラックとハットンを遺言執行人に指名し、草稿類の処理を指示。 11月、グラスゴー大学総長に選挙され、就任を承諾。	ミラー『イングランド統治の歴史的展望』 ベンサム『高利擁護論』
八八	65	グラスゴー大学総長に再選。	ジョージ三世、発狂。 大ブリテン軍、オーストラリアのシドニー占領。流刑植民地とする。 バイロン生まれる。 ビュフォン死去。

一七八九	66	『国富論』第五版刊行。この年、『国富論』のアメリカ版が刊行される。 健康がすぐれぬなかで、『道徳感情の理論』第六版のための増補改訂の作業を行う。	カント『実践理性批判』 「タイムズ」発刊（前身は八五年創刊）。 フランス革命始まる。 ドルバック死去。 プライス『祖国愛について』 ベンサム『道徳および立法の原理序説』 シェイエス『第三階級とはなにか』
九〇	67	『道徳感情の理論』第六版刊行。 7月、病気が悪化し、友人たちに依頼して草稿類を焼却。スミスが人の目にふれてもいいと考えたものは、のちにブラックとハットンの手で『哲学論文集』として公刊された（九五）。 7月17日、死去。	バーク『フランス革命にかんする省察』 ウルストンクラフト『人間の権利の擁護』 カント『判断力批判』 ゲーテ『ファウスト断篇』

参考文献

●スミスの著作（講義ノートなどを含む）**の主要邦訳書**

『道徳情操論』上・下　米林富男訳―――未来社　一九六九
『道徳感情論』　水田洋訳―――筑摩書房　一九七三
『国富論』上・下（『世界の大思想』14・15）　水田洋訳―――河出書房新社　一九六五
『国富論』上・中・下　竹内謙二訳―――東京大学出版会　一九六九
『諸国民の富』（I・II、岩波文庫版は全五冊）　大内兵衛・松川七郎共訳―――岩波書店　一九六九
『国富論』（I～III、中公文庫版も全三冊）　大河内一男監訳―――中央公論社　一九七六
『政治経済国防講義案』　樫原信一訳―――山口書店　一九四三
『グラスゴウ大学講義』　高島善哉・水田洋共訳―――日本評論社　一九四七
『修辞学・文学講義』　宇山道亮訳―――未来社　一九七二
『国富論の草稿その他』　大道安次郎訳―――創元社　一九四八
『国富論草稿』　水田洋訳―――日本評論社　一九四八

アダム＝スミス全集としては、最近完結した *The Glasgow Edition of the Works and Correspondence of Adam Smith* (ed. by T. Wilson and A. S. Skinner), 6 vols. Oxford, 1976～83がある。

●比較的入手しやすいアダム＝スミスの生涯にかんする文献

『アダム・スミス』　E・R・パイク著　竹村孝雄訳―――法政大学出版局　一九七一
『アダム・スミス伝』　ジョン＝レー著　大内兵衛・大内節子共訳―――岩波書店　一九七二

『アダム・スミスの生涯』 アンドレイ＝アニーキン著 小檜山愛子訳 ――― 勁草書房 一九七五
『自由主義の夜明け アダム・スミス伝』（『世界を動かした人びと』9） 水田洋著 国土社 一九七九
『アダム・スミスの生涯と著作』 デューガルド＝ステュアート著 福鎌忠恕訳 御茶の水書房 一九八四
『アダム・スミス伝』 R・H・キャンベル、A・S・スキナー共著 久保芳和訳 ――― 東洋経済新報社 一九八四

●入手しやすい主要研究書その他

『スミスとリスト』 大河内一男著 ――― 日本評論社 一九四七
（『大河内一男著作集』第三巻、青林書院新社、一九六九年に収録）
『アダム・スミスの市民社会体系』 高島善哉著 ――― 日本評論社 一九四七
（改訂版『アダム・スミスの市民社会体系』、岩波書店、一九七四年）
『アダム・スミス革命』 藤塚知義著 ――― 東京大学出版会 一九五二
『経済学の生誕』 内田義彦著 ――― 未来社 一九五三
（増補版、一九六二年。『内田義彦著作集』第一巻、岩波書店、一九八八年に収録）
『本邦アダム・スミス文献』 アダム・スミスの会編 ――― 弘文堂 一九五五
（増訂版『本邦アダム・スミス文献』、東京大学出版会、一九七九年）
『重商主義解体期の研究』 小林昇著 ――― 未来社 一九五五
（『小林昇経済学史著作集』Ⅳ、未来社、一九七七年に収録）
『アダム・スミスの味』 アダム・スミスの会編 ――― 東京大学出版会 一九六五
『アダム・スミス』（岩波新書） 高島善哉著 ――― 岩波書店 一九六七
『アダム・スミス研究』 水田洋著 ――― 未来社 一九六八

『国富論研究』(全三巻) 大河内一男編 ―― 筑摩書房 一九七二
『国富論体系の成立』 小林昇著 ―― 未来社 一九七三
(増補されて『小林昇経済学史著作集』Ⅰに収録)
『国富論の成立』 経済学史学会編 ―― 岩波書店 一九七六
『アダム・スミス』(『世界の思想家』10) 杉山忠平編 ―― 平凡社 一九七六
『アダム・スミスの思想像』 星野彰男著 ―― 新評論 一九七六
『アダム・スミスの社会科学体系』 アンドルー＝スキナー著 川島信義・小柳公洋・関源太郎共訳 ―― 未来社 一九七七
『アダム・スミスと現代』 高島善哉・水田洋・和田重司・田中正司・星野彰男・伊坂市助共著 ―― 同文舘 一九七七
『アダム・スミス』(『経済学者と現代』①) 岡田純一著 ―― 日本経済新聞社 一九七七
『スミス国富論入門』(有斐閣新書) 星野彰男・和田重司・山崎怜共著 ―― 有斐閣 一九七七
『アダム・スミスの政治経済学』 和田重司著 ―― ミネルヴァ書房 一九七八
『アダム・スミス』(『人類の知的遺産』42) 大河内一男著 ―― 講談社 一九七九
『スミス、マルクスおよび現代』 ロンルド・L・ミーク著 時永淑訳 ―― 法政大学出版局 一九八〇
『アダム・スミスの社会科学体系』 A・S・スキナー著 田中敏弘・橋本比登志・篠原久・井上琢智共訳 ―― 未来社 一九八一
『国富論体系の歴史と理論』 小柳公洋著 ―― ミネルヴァ書房 一九八一
『スミス経済学の歴史――経済的自由主義の系譜』 ペーター＝タール編著 芦田亘・津波古充文共訳 ―― 昭和堂 一九八一
『続アダム・スミスの味』 アダム・スミスの会編 ―― 東京大学出版会 一九八四

『アダム・スミスの周辺　経済思想研究余滴』　田中敏弘著　――――　日本経済評論社　一九八五
『市場・国家・連帯　アダム・スミスの場合』　フランツ＝クサーヴェル＝カウフマン、ハンス＝ギュンター＝クリュッセルベルク共編著　津波古充文訳　――――　昭和堂　一九八六
『アダム・スミスと常識哲学』　篠原久著　――――　有斐閣　一九八六
『アダム・スミスの哲学思考』　D・D・ラファエル著　久保芳和訳　――――　雄松堂出版　一九八六
『アダム・スミスの自然法学　スコットランド啓蒙と経済学の生誕』　田中正司著　――――　御茶の水書房　一九八八
『スコットランド啓蒙思想研究――スミス経済学の視界』　田中正司編著　――――　北樹出版　一九八八
『資本主義と人間らしさ　アダム・スミスの場合』　井上和雄著　――――　日本経済評論社　一九八八
『アダム・スミスの政治学』　D・ウィンチ著　永井義雄・近藤加代子共訳　ミネルヴァ書房　一九八九

さくいん

【人 名】

【事　項】

【書　名】

アダム＝スミス■人と思想《しそう》84　　定価はカバーに表示

1989年12月15日　第1刷発行©
2014年9月10日　新装版第1刷発行©
2017年5月30日　新装版第2刷発行

・著　者　……………………浜林《はまばやし》　正夫《まさお》／鈴木《すずき》　亮《りょう》
・発行者　……………………………渡部　哲治
・印刷所　…………………………広研印刷株式会社
・発行所　………………………株式会社　清水書院

〒102-0072　東京都千代田区飯田橋3-11-6
Tel・03(5213)7151～7
振替口座・00130-3-5283
http://www.shimizushoin.co.jp

検印省略
落丁本・乱丁本はおとりかえします。

Century Books

Printed in Japan
ISBN978-4-389-42084-0

Century Books

清水書院の〝センチュリーブックス〟発刊のことば

近年の科学技術の発達は、まことに目覚ましいものがあります。月世界への旅行も、近い将来のこととして、夢ではなくなりました。しかし、一方、人間性は疎外され、文化も、商品化されようとしていることも、否定できません。

いま、人間性の回復をはかり、先人の遺した偉大な文化を継承して、高貴な精神の城を守り、明日への創造に資することは、今世紀に生きる私たちの、重大な責務であると信じます。

私たちがここに、「センチュリーブックス」を刊行いたしますのは、人間形成期にある学生・生徒の諸君、職場にある若い世代に精神の糧を提供し、この責任の一端を果たしたいためであります。

ここに読者諸氏の豊かな人間性を讃えつつご愛読を願います。

一九六七年

SHIMIZU SHOIN